IBA_LOGbuch N° 1

Die Wissensstadt von morgen

_Reflexionen

IBA LOGbuch N° 1

Kolumnen

Heidelberg – Leben und Arbeiten im 21. Jahrhundert Eckart Würzner	5
Ein Jahrhundertprojekt für Heidelberg. Voll Mut und Neugier Michael Braum	6
Wissen | schafft | Stadt. Die Leitthemen der IBA Heidelberg Michael Braum, Undine Giseke	8

10	Wissen und wissen, wie's geht. Raus aus dem Elfenbeinturm. Ursula Baus

Die Wissenslandschaft Heidelberg. Orte des Wissens	12

14	Über Schärfung und Verortung. Eine einfache IBA-Übersetzungshilfe. Harald Martenstein

Wissenschaft und Gesellschaft. Das Land pflegt seine »Knowledge Pearls« Theresia Bauer	16
Heidelberg. Eine europäische Wissenschaftsstadt mit Zukunft! Bernhard Eitel	18

20	Alles verfahren? Partizipation oder ein Gefühl von Demokratie. Heinrich Wefing

Wissen | schafft | Stadt

Heidelberg und seine IBA. Experimentierräume für eine sozial ausgewogene, europäische »Knowledge Pearl« Ulf Matthiesen	24

35	Wissen und Gewissen. Erkenntnisse in der Ära des Postfaktischen. Wolfgang Bachmann

Die Stadt der Erkenntnis. Eine philosophische Annäherung Julian Nida-Rümelin	36

40	Wissen macht noch keine Stadt. Zum fehlenden Verständnis für den öffentlichen Raum. Arno Lederer

Architektur für Bildung und Wissen. Von der Studierstube zum Bildungslab Christa Reicher	42

Leitthemen

Die Politur der »Wissensperlen«. Was sie rundum glänzen lässt Willem van Winden	50

54	Warum ist es im Rheinland so schön? Ausländer rein! Claus-Christian Wiegandt

Trialog_1 | Wissenschaften Ernst Hubeli, Kai Vöckler, Ulrike Gerhard	56

60	Wie wär's mit Popper? Politik als Wille und Vorstellung. Ullrich Schwarz

Wissen in der offenen Gesellschaft. Die »Ressource« der Zukunft und ihre Verortung in Städten und Gemeinden Karl-Heinz Imhäuser	62

Trialog_2 | Lernräume Carl Zillich, Angela Million, Anne Sliwka	68
Wissensorte vernetzen. Weitgefasste Wissensarten und ihre räumlichen Konsequenzen Wilhelm Klauser	75
Trialog_3 | Vernetzungen Michael Braum, Michael Augsburger, Weert Canzler	84
Metabolische Stadtentwicklung – und das Phantom der nachhaltigen Stadt Erik Swyngedouw	90
Trialog_4 | Urbane Stoffkreisläufe Undine Giseke, Dirk Sijmons, Werner Aeschbach	96

Governance

Stadtpolitik in Städten des Wissens. Akteure und Perspektiven Klaus R. Kunzmann	106
Multilevel Governance und Stadtentwicklung. Beispiele aus England Simin Davoudi, Ali Madanipour	107
Making of ... Die ersten Jahre einer Internationalen Bauausstellung Klaus Selle	109
Under Construction. Stadtentwicklung und Bürgerschaft Steffen Sigmund	126
Die IBA muss liefern und gestärkt werden. Anmerkungen zur nahen Halbzeit des Ausnahmezustands Andreas Epple	128
Ins Gelingen verliebt. Die IBA verbindet Gesellschafts- und Stadtentwicklung Jürgen Odszuck	130
Ausnahmezustand IBA. Städtebauliches Labor und intermediärer Akteur Michael Braum, Carl Zillich	132

67	Bedingt diskursbereit. Bürger als Demokraten. Ullrich Schwarz
72	Ortlos dabei sein. Future Systems am Neckar. Alexandra Staub
80	Die Suche nach dem Wohlbefinden. Könnte Heidelberg sein! Lars Reichow
83	Gaudeamus igit ... Über Stadtmarketing und Klischees. Wolfgang Bachmann
88	Studenten sind in der Stadt! Hin und weg. Wolfgang Bachmann
101	Wissens Wert. Unter Experten. Ullrich Schwarz
104	Kooperation, Koproduktion, Governance. Stadtentwicklung als Gemeinschaftsaufgabe? Klaus Selle
124	Schlaumeier City. Spekulationen über die unsichtbare Stadt. Wolfgang Bachmann

Anhang

Das Glossar	134
Autoren	143
Bildnachweis, Impressum	144

Der Science Tower der SRH Hochschule Heidelberg
Architekten: Donnig + Unterstab, Rastatt

Zu Beginn des Schuljahres 2015/16 besuchten 22.152 Schüler/innen Heidelberger Schulen.
Es waren 30.848 Studierende immatrikuliert und 457 Professor/innen beschäftigt.
2016 waren in Heidelberg 1.068 Handwerksbetriebe mit 641 Azubis registriert.

Eckart Würzner, Oberbürgermeister der Stadt Heidelberg

Heidelberg –
Leben und Arbeiten im 21. Jahrhundert

Heidelberg ist eine *Knowledge Pearl*, eine Wissensperle. Die Stadt ist weltweit sowohl wegen ihres kulturellen Erbes als auch als herausragender Wissenschaftsstandort bekannt. Wir können uns aber nicht auf dem Status quo ausruhen. Wir müssen uns Gedanken über die zukünftige Entwicklung unserer Stadt in Zeiten einer Wissensgesellschaft machen. Wissensbasierte Städte stehen in Konkurrenz zueinander – im Hinblick auf die akademische Exzellenz und Innovation, aber auch in Bezug auf die räumliche Organisation und Atmosphären innerhalb der Institutionen und Quartiere der Wissenschaftler. Architektur und Stadtentwicklung sind Teil der Zukunftsagenda von Wissensstädten wie Heidelberg.

Bei der Entwicklung dieser Zukunftsvision nimmt die Internationale Bauausstellung (IBA) Heidelberg unter dem Motto »Wissen | schafft | Stadt« eine Schlüsselposition ein. Die Visionen zur Wissensstadt von morgen werden Heidelberg über Jahrzehnte prägen. Unser Ziel ist es, gemeinsam mit der IBA zukunftsfähige Modelle dieser Wissensstadt zu entwickeln. Wir wollen rechtzeitig an den richtigen Stellschrauben drehen, um diese Visionen zu verwirklichen.

In der »Planungsphase Null« entwickelt die IBA derzeit gemeinsam mit renommierten internationalen Städtebaubüros Konzepte für die Zukunft des Patrick-Henry-Village (PHV). Die größte Heidelberger Konversionsfläche ist mit knapp 100 Hektar fast so groß wie die Altstadt. Mit Hilfe der IBA wollen wir ein einmaliges Quartier schaffen, das für das Leben und Arbeiten im 21. Jahrhundert gerüstet und inspirierend ist. Die bisherigen Entwürfe der Städtebauer für das PHV sind das, was wir uns erwarten: auch im internationalen Vergleich herausragend!

Dank der IBA haben wir 5,9 Millionen Euro an Fördermitteln für das »Grüne Band des Wissens« in der Südstadt eingeworben – ein Projekt, das Freiräume und Wissensorte auf ganz neue Art und Weise verbinden wird.

Auf der Fläche »Hospital« unterstützt die IBA den Verein Collegium Academicum bei einem Wohnheim für rund 200 Studierende aus der ganzen Welt.

Mit ihren Projekten wie dem Bildungs-, Betreuungs- und Bürgerhaus »B³« in der Bahnstadt und dem außerschulischen Bildungsprojekt »exPRO 3« der »WERKstattSCHULE« hat die IBA bereits weitere wichtige Akzente gesetzt.

Die Wissenschaft wird auch in Zukunft die Herzkammer unserer Stadt sein. Die IBA Heidelberg ist hierbei ein wichtiger Begleiter und Ideengeber unserer Stadt. Ich freue mich auf eine eindrucksvolle Zwischenpräsentation der IBA im Jahr 2018.

Michael Braum, Direktor der IBA Heidelberg
Ein Jahrhundertprojekt für Heidelberg
Voll Mut und Neugier

»Ein Allheilmittel zur Lösung aller Probleme aber ist die Gier nach dem Neuen nicht, das ist sie nie gewesen. Sie eröffnet Möglichkeiten, aber sie garantiert nichts.«
Konrad Paul Liessmann (*1953)

So etwa ließe sich auch der mit einer Internationalen Bauausstellung (IBA) verbundene Anspruch umschreiben, der für alle Beteiligte gelten muss. Eine IBA verfolgt nie einen Selbstzweck.

Was steht an? Unsere Städte werden sich in den nächsten Jahren rasant verändern müssen, um den Anforderungen der Wissensgesellschaft des 21. Jahrhunderts zu genügen. Heidelberg eignet sich mit seinem Erfahrungsschatz aus rund sechshundertjähriger, gemeinsamer Geschichte mit der Universität – der Ruperto Carola – wie kaum eine andere Stadt in Deutschland in diesem stadtgesellschaftlichen Kontext als Experimentierraum für Veränderungsszenarien.

Sich auf ein derartiges Experiment einzulassen, erfordert Mut, weil jedes Experiment – wie jede Laborsituation – durch offenen Ausgang gekennzeichnet ist. Geht alles gut, ist mit einem unschätzbaren gesellschaftlichen Nutzen für Heidelberg und alle hier lebenden Menschen zu rechnen und auf Erkenntnisse zu hoffen, die weit über die Grenzen der Stadt hinaus wirken. Und warum sollte das Experiment nicht gelingen?

Genauso wichtig wie Mut ist Neugier. Wer nicht bereit ist, sich auf Neues einzulassen, ist schlecht gerüstet für die Zukunft. Will die IBA als geradezu prädestinierter, intermediärer ⬆ Akteur ⬆, wie Klaus Selle sie (ab Seite 109) beschreibt, als Erfolg gewertet werden, ist sie auf Akteure angewiesen, die das Neue nicht fürchten, sondern als Notwendigkeit begreifen und mit anderen ein Interesse daran entwickeln, es zum Nutzen und Frommen aller auch umzusetzen.

Damit lässt sich gleich zu Beginn mit einem Missverständnis aufräumen: Die sogenannte Ausstellung ist nur ein kleiner Teil einer IBA – viel wichtiger ist neben der Entwicklung von Projekten die fachliche Begleitung ihrer Entstehungsprozesse. Verwaltung, Stadtgesellschaft, Universität – alle betrifft die Veränderung von Entstehungsprozessen, in denen sie eine neue Rolle spielen dürfen. Diese gemeinsam ausgehandelten Prozesse, die durch die IBA initiiert werden, müssen dann für die Zeit danach auch verstetigt werden.

Das Experiment IBA kann nur gelingen, wenn sie – die IBA – von Stadtgesellschaft, Politik und Verwaltung, der Wirtschaft und der Universität nach Kräften unterstützt wird.
Gefordert sind hier das Land ebenso wie die Stadt und die Stadtgesellschaft. Ein Konsens darüber ist im Grunde die Voraussetzung ihres Erfolgs. Die Neugier ist kein Selbstzweck, sie muss zu etwas führen. Genau darin erkennen wir die Aufgabe und das Profil der Internationalen Bauausstellung Heidelberg. ⬛

Das LOGbuch N° 1

In drei Büchern wird der Prozesscharakter der IBA, dieses ambitionierten Stadt- und Architekturprojekts, in seinen Ansätzen charakterisiert und in Ergebnissen dokumentiert. Für diese dreiteilige Buchreihe haben wir den Titel »LOGbücher« gewählt. Die aus der Seefahrt bekannten Logbücher ähneln Tagebüchern oder Protokollen, dokumentieren Fahrten übers Meer und verzeichnen mehr oder weniger vollständig Wissenswertes in chronologischer Art. Die drei LOGbücher der IBA Heidelberg orientieren sich an diesem Typus.

Im hier vorliegenden LOGbuch N° 1 wird das lokal bedeutsame und über den Tag und Heidelberg hinaus formulierte Thema »Wissen | schafft | Stadt« in den vier Handlungsfeldern der IBA ausgelotet und in seiner Relevanz für Heidelberg als Programm gefasst.

LOGbuch N° 2 wird dann 2018 als Protokoll einer Zwischenpräsentation dienen. Bis dahin wird die IBA Heidelberg vorstellen können, was an konkreten Projekten in verschiedenen Stadtteilen geplant und vielleicht auch schon (teil-)realisiert ist.

Im Abschlussjahr 2022 soll schließlich LOGbuch N° 3 erscheinen, in dem die Ergebnisse des IBA-Prozesses dokumentiert, ein Fazit gezogen und Empfehlungen für eine nachhaltige Wirkung des »Laboratoriums auf Zeit« diskutiert werden.

Mit dem LOGbuch N° 1 verdeutlichen wir wissenschaftlich, aus interdisziplinären Blickwinkeln, in nachdenklichen bis heiteren Short Stories und in fotografischer Beobachtung die Besonderheit Heidelbergs.

Wissen | schafft | Stadt: Im Teil 1 werden die Grundlagen der IBA Heidelberg, das heißt die Bedeutung von Wissenschaften und Bildung im Kontext des Bauens erläutert.

Leitthemen: Teil 2 lotet die vier Handlungsfelder – Wissenschaften, Bildung, Vernetzungen und urbane Stoffkreisläufe – in Einführungstexten und Gesprächsprotokollen aus.

Governance: Im Teil 3 stehen Diejenigen, die als Akteure für die Zukunft Heidelbergs verantwortlich sind, im Mittelpunkt: *Multilevel Governance* heißt der Begriff, mit dem der Bogen zu anderen *Knowledge Pearls* geschlagen wird, um im Rahmen eines Forschungsprojektes der RWTH Aachen zurück in die Heidelberger Strukturen zu kehren.

Weil im thematischen Zusammenhang der IBA Heidelberg internationale Diskurse und spezielle Wissenschaftsbereiche angesprochen sind, erleichtert ein Glossar (gekennzeichnet:) die Lektüre der Fachbeiträge. Außerdem begleiten die erwähnten Short Stories – Randnotizen, Kommentare, Exkurse und mehr – im Buch, um zu zeigen, wie die IBA-Themen unseren Alltag berühren.

Zudem verdeutlichen Angaben des Statistischen Amts der Stadt Heidelberg, die grafisch als Aperçus in Kontext von Bildern notiert sind (gekennzeichnet:), Spezifika von Heidelberg.

Last but not least bieten wir mit QR-Codes einen direkten Zugang zur Website der IBA, auf der Gesprächsrunden nachzuhören und -sehen sind, außerdem finden sich dort vertiefende Beiträge für Experten, Veranstaltungsdokumentationen der IBA und vieles mehr.

Das LOGbuch richtet sich sowohl an Experten, als auch an interessierte Laien. Denn die IBA Heidelberg begreift sich nicht als exklusive Veranstaltung, sondern als eine experimentelle Unterstützung in der Entwicklung der Stadt Heidelberg, die als Ganze ihre Perspektive zwischen Identität und Erneuerung stärken kann.

Dieser Pfeil kennzeichnet Begriffe, die im Glossar knapp erklärt werden.

Dieses Zeichen weist auf statistische Angaben.

QR-Code zur IBA LOGbuch Website

QR-Code english Abstracts

Michael Braum, Undine Giseke
Wissen | schafft | Stadt
Die Leitthemen der IBA Heidelberg

Komplex und dynamisch, wie sie ist, konfrontiert uns die Wissensgesellschaft permanent mit Neuem und Ungewissem und zwingt uns dazu, Ambivalenzen auszuhalten. In ihrem Entwicklungsprozess umsichtige, kluge Entscheidungen zu treffen, bedarf neuer Handlungskompetenzen – die IBA »Wissen | schafft | Stadt« fokussiert sich in diesem Kontext auf städtebauliche und architektonische Bereiche, um in Prozessen und Projekten konkret zu werden. Fünf aus dem Motto »Wissen | schafft | Stadt« resultierende Einzelthemen charakterisieren die IBA Heidelberg als Planungslabor des 21. Jahrhunderts.

- **Wissenschaften – Heidelberg als »Knowledge Pearl«**

Das erste Thema wirft die Frage auf, wie sich in der Wissensgesellschaft das Verhältnis zwischen Stadt und ihren Wissenschaftsstandorten zukünftig gestaltet und welche Ansprüche Stadt und Wissenschaftseinrichtungen stellen. Verbesserte Rahmenbedingungen in den Stätten der Wissensproduktion werden zu einem wichtigen Standortfaktor, gerade in einer so traditionsreichen Universitätsstadt wie Heidelberg. Die IBA sieht sich als Katalysator für die zukünftige Entwicklung der *Knowledge Pearl* Heidelberg im Zusammenwirken von Stadt, Universität, anderen Wissenschaftsinstitutionen und dem Land Baden-Württemberg. Entsprechende Kommunikations- und Kooperationsplattformen wie beispielsweise das von der IBA initiierte »Forum Wissenschaften« zu etablieren, fordert und fördert die Akzeptanz und die Bereitschaft zur Zusammenarbeit der unterschiedlichen Akteure. Gefragt ist ein zukunftsorientierter Umgang mit den Entwicklungssequenzen der Wissenschaftsstadt – Altstadt, Bergheim, Neuenheimer Feld – und deren Weiterentwicklung insbesondere im Kontext der Programmierung der Konversionsflächen.

- **Lernräume – Wissen in der offenen Gesellschaft**

Die IBA geht davon aus, dass in der Wissensgesellschaft der Zugang zu Information und kodifiziertem Wissen zu einem öffentlichen Gut geworden ist. Damit eröffnen sich unterschiedlichen gesellschaftlichen Gruppen neue Handlungsoptionen. Für die IBA rücken dabei neue Formen zivilgesellschaftlicher ⬧ Handlungskompetenz und kooperative Raumproduktionsweisen in den Fokus. Dies vollzieht sich umso komplexer vor dem Hintergrund einer immensen Internationalisierung der Stadtgesellschaften ⬧ durch wachsende Migrationsprozesse sowie der zunehmenden Verknüpfung analoger und digitaler Welten. Ein ganzheitliches Konzept der Wissensgesellschaft erfordert entsprechende Stadtentwicklungsstrategien. Das große Interesse der Heidelberger Stadtgesellschaft an diesem Themenfeld zeigte sich deutlich im ersten Projektaufruf der IBA. Die IBA hat die Aufgabe, hier richtungsweisende Projekte einer zukünftigen Praxis auf den Weg zu bringen, die über klassische Bildungskonzepte hinausgehen.

- **Vernetzung – Infrastrukturen des Alltags**

In der Wissensgesellschaft ist die Auseinandersetzung mit und die Integration von widerstrebenden Bedürfnissen eine stete Herausforderung. Von eminenter Bedeutung ist dabei der Zugang aller zum Stadtraum, zum Wissen und zu den Orten der Wissensvermittlung. Ange-

QR-Code zur Kurzfassung des Memorandums der IBA

schlossen zu sein – sozial, kulturell wie physisch – wird für die Lebensqualität zunehmend wichtiger. Infrastrukturen wie Straßen, Plätze, Schulhöfe und Campus-Areale tragen dazu erheblich bei. Ihre Funktion und Gestaltung unterliegen jedoch permanenten Anpassungserfordernissen. Im Streben nach hervorragender Qualität im Alltag wird ihnen auch zukünftig eine unbestritten hohe Bedeutung zuteil. Die IBA fragt darüberhinaus, welche neuartigen Schnittstellen und Begegnungsräume die Wissensstadt von morgen braucht und wie solche zu gestalten sind. Dabei geht es um die verkehrsbedingte Vernetzung, die sich vor allem im Standard der Mobilitätsinfrastrukturen widerspiegelt ebenso wie um die digitale Vernetzung, die sich im Kontext der gesellschaftlich sensiblen Debatten zur Industrie 4.0 beziehungsweise zur *Sensible* oder *Smart City* ↑ zeigt. Die IBA setzt sich antizipativ mit den räumlichen Konsequenzen dieser Entwicklungen auseinander.

• **Stoffkreisläufe – metabolische Stadtentwicklung und die nachhaltige Stadt**

Es ist nicht nur eine ökonomische Dimension von Wissen, die uns von der Wissensgesellschaft sprechen lässt. Wie sich immer deutlicher zeigt, führt die Globalisierung zu einer neuen Kultur des *Re-Groundings*, des Erdens und Verortens. Gefordert ist – nicht zuletzt ablesbar an der an Fahrt gewinnenden Diskussion um das Anthropozän – eine neue Sicht auf die »urbanen ↑ Stoffwechselprozesse« mit der umgebenden Landschaft und die Wechselbeziehungen von Stadt und Land. Auch das erfordert – gemessen an den wachsenden Personen- und Materialströmen – ein immer komplexeres Wissen.

Heidelberg kann auch in diesem Bereich den Rahmen einer IBA nutzen, um sich gut sichtbar den Herausforderungen des 21. Jahrhunderts zu stellen. Deutliche Zeichen wurden hier in den vergangenen Jahren bereits durch die Energie- und Klimakonzeption für die Bahnstadt gesetzt. Einen Schritt weiter zu gehen, bedeutet sich mit der Re-Lokalisierung von Systemen wie Wasser, Nahrung und Energie auseinanderzusetzen und diese Ansätze mit den sozialen und urbanen Bewegungen zu verbinden.

• **Koproduktion – Governance, Planungsmethoden und Prozesse**

In der Tradition ihrer Vorgängerinnen macht auch die IBA Heidelberg den aktuellen gesellschaftlichen Diskurs und damit ein prozessuales und auf vielfältige Akteure ausgerichtetes Verständnis von Stadtentwicklung zur Grundlage ihres Handelns. In der komplexen Wissensgesellschaft geht es um das Paradox der Planung des Unplanbaren, um das sorgfältige Eruieren des Gewünschten und des Machbaren ebenso wie um kollaborative Prozesse zur Initiierung von Projekten. Im Kontext der IBA sind neue Governance-Formen zu allererst mit Blick auf die Qualifizierung der verschiedenen Wissensorte in der Stadt zu konkretisieren. Mit ihnen öffnet sich ein wichtiger Aktionsraum, der das Ganze der Stadt umfasst und – quer über die oben beschriebenen vier Themenfelder hinweg – für die koproduzierte Stadt steht.

Diese erfordert neue Arbeitsformate, die die IBA unter anderem am Beispiel des ehemaligen Patrick-Henry-Village erprobt. In Zusammenarbeit mit internationalen Büros und auf der Grundlage unterschiedlicher Szenarien zu den oben beschriebenen Themenfeldern werden in einem ergebnisoffenen, diskursiven Prozess integrierte Zukunftsvorstellungen der »Wissensstadt von morgen« entwickelt. Die unterschiedlichen Akteure tauschen ihre Vorstellungen im Rahmen von *Design Thinking Workshops* aus. Die kontinuierliche Dokumentation der Ergebnisse bildet die Grundlage für die Ausarbeitung einer räumlichen Entwicklungsvision. Dies ist nur ein Beispiel für den Anspruch der IBA, Plattform für eine kollaborative Praxis zu sein, um Heidelberg als eine Wissensperle auch in der Wissensgesellschaft zum Glänzen zu bringen und Orte zu generieren, in denen die Verknüpfung von Stadt und Wissen ↑ einen zukunftsweisenden und beispielhaften räumlichen Ausdruck findet. ◼

Kommentar | Ursula Baus

Raus aus dem Elfenbeinturm

WISSEN UND WISSEN,

Die geburtenstarken Nachkriegsjahrgänge wurden erzogen, als sei das Leben sorglos. Man lernte, um einen Beruf zu ergreifen, anschließend den Lebensunterhalt zu verdienen und einen beschaulichen Lebensabend zu genießen. Obendrein waren und sind wir im gegenwärtigen Alltag allen dankbar, die ebenfalls einen Beruf erlernt haben und mit ihrem Wissen auch etwas anzufangen wissen. Man kommt dann nicht entstellt aus dem Friseursalon, trägt – dem Schneider sei Dank – trotz eines nicht normgerechten Körpers passende Hosen, erntet im Herbst die köstlichen Zwetschgen, weil der Gärtner den Obstbaumschnitt beherrscht. Und wie dankbar ist ein Architekt einem kompetenten Handwerker, der weiß, dass sichtbare Schraubenköpfe auf einer Linie sitzen müssen.

Vielen Wissensträgern geht es jedoch an den Kragen: Passgenaue Anzüge werden automatisiert in China geschneidert, Schuhe lieber weggeworfen als neu besohlt, und wer einmal beobachtet hat, wie blitzschnell ein Roboter eine Autokarosserie montiert, der traut seinen arbeitenden Mitmenschen kaum noch etwas zu. Ärzte operieren nicht mehr nach den Regeln des gehobenen Chirurgenhandwerks, sondern steuern via Bildschirm Schläuche wie Tentakeln durch die Patientenbäuche. Der Computer soll in Zukunft selber denken und der Roboter sich um die hilflosen und vereinsamten Alten kümmern, damit sie rechtzeitg ihr Pillensortiment schlucken – das alles ist einer primär ökonomisch motivierten, auf Wachstum ausgerichteten Technikentwicklung zuzuschreiben, die in vielen Bereichen aus dem Ruder läuft. Wer regelt, was mit dem technischen Wissen Gutes getan werden sollte? Wo wird analysiert, was der großen Freiheit der Wissenschaft zu danken ist, die ökonomisch so unter die Räder geriet, dass dem Spiel kein Raum mehr gelassen wird?

Nun zeigte die Wahl Donald Trumps zum Präsidenten der USA, dass Wissen im Sinne einer Wahrheitsannäherung manchen Mehrheiten ohnehin völlig unwichtig scheint – es wurde gehöhnt und polemisiert; Unumstößliches ignorierte der grobschlächtige Hallodri, mit Lügen zeichnete er Feindbilder und überzeugte damit seine Wählerschaft. Ja, da passt Einer ins postfaktische ⬆ Zeitalter, obwohl man eben erst mit dem Internet die Chance sah, den letzten Winkeln der Welt Zugang zur Fülle weltverbessernden Wissens zu verschaffen. Das vermeintliche Wissen wird im Internet aber kaum helfen, Menschen im Sinne eines Weltethos gedanklich zu rüsten. Das Worldwide Web droht sich mit den sogenannten sozialen Medien vielmehr zu einer Maschine zu verwandeln, mit der sich Wissen ⬆ erfolgreich

WIE'S GEHT

vernachlässigen und sogar zertrümmern lässt. Mehr noch: Mit mehr oder weniger heimtückisch ausgeheckten Algorithmen werden hanebüchener Unsinn und Hasstiraden in jede Wohnstube gebracht. Jahrhundertelang entwickelte Verfahren, Wissensertrag zu sortieren, im Spiel von These und Antithese reifen zu lassen und sowohl kenntnisreich wie spielerisch zu erschließen und dann erst in die Öffentlichkeit zu tragen – alles dahin.

Etablierte Wissenseliten tangiert diese Entwicklung kaum. Sie schütteln den Kopf darüber, wie man so dumm sein kann wie die Wähler Trumps oder jene, die dem bösartigen Geschwätz von Demagogen und Populisten auf den Leim gehen. Dabei sollten sich gerade diese vermeintlichen Eliten fragen, was hier schief läuft.

Mehr als alle anderen sind Wissenseliten verantwortlich dafür, dass alle Menschen weitgehend sorglos leben können. Das war einmal das Versprechen der Wissenschaft, die inzwischen in vielen Sparten wie ein tumber Zauberlehrling agiert. Herr, die Not ist groß! Die ich rief, die Wissenschaftler, werd' ich nun nicht los.

Konsens muss aus guten Gründen bleiben, dass allen Mitgliedern der Gesellschaft Zugang zu Wissen und Wohlstand gesichert wird – obwohl oder besser weil Menschen unterschiedlich veranlagt, motiviert, begabt sind. Der eine rechnet gern und sitzt als Sportler nur auf der Reservebank. Dem anderen fehlen dauernd die Worte, aber er tanzt betörend. Der Dritte ist ordnungsliebender Bürokrat, die Vierte singt wie eine Nachtigall. Ein Fünfter denkt – und weiß nicht, wie er das Gedachte vermitteln kann.

Und dann gibt es diejenigen, die Wissen erworben haben, um die Struktur unseres Gemeinwesens zu organisieren, die Verwaltung bestens auszustatten und die Spielregeln für sogenannte Akteure ↑ festzulegen. Wenn diese Wissenseliten derzeit als »die da oben« beschimpft werden, haben sie etwas falsch gemacht. Ihnen mag die Einsicht fehlen, dass die praktische Seite des abstrakten Wissens diejenige ist, die alle Mitglieder einer kenntnisreichen Gesellschaft als eingelöstes Versprechen der Wissenschaft erreichen muss. Sonst schlägt die Stunde der Populisten und Demagogen. ◢

Ursula Baus (*1959), Studium der Kunstgeschichte, Philosophie, Architektur in Stuttgart und Paris. Lebt als Publizistin und Mitherausgeberin des eMagazins »Marlowes« in Stuttgart.

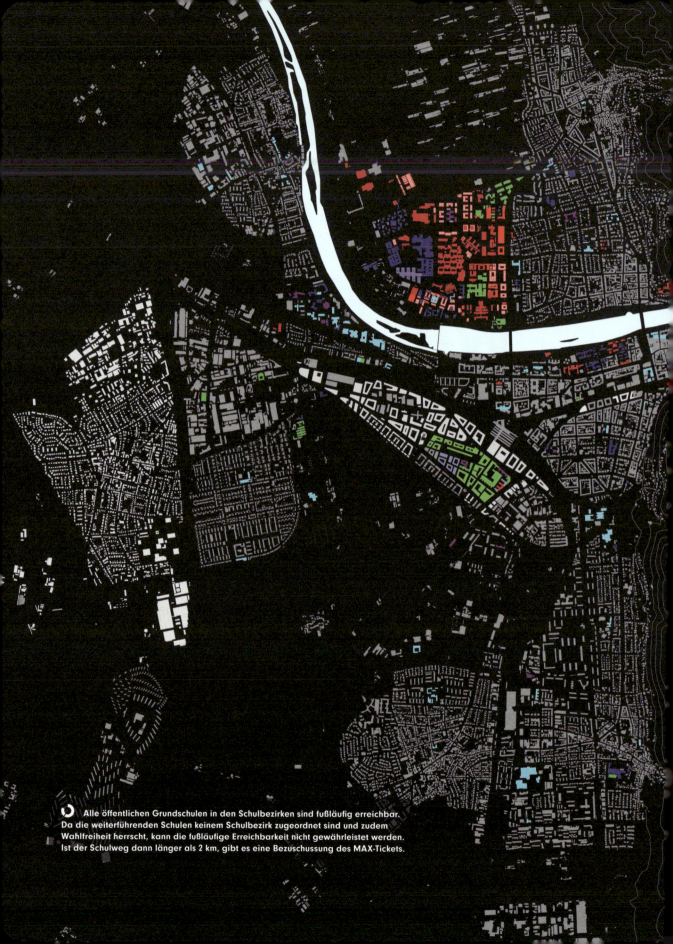

Alle öffentlichen Grundschulen in den Schulbezirken sind fußläufig erreichbar. Da die weiterführenden Schulen keinem Schulbezirk zugeordnet sind und zudem Wahlfreiheit herrscht, kann die fußläufige Erreichbarkeit nicht gewährleistet werden. Ist der Schulweg dann länger als 2 km, gibt es eine Bezuschussung des MAX-Tickets.

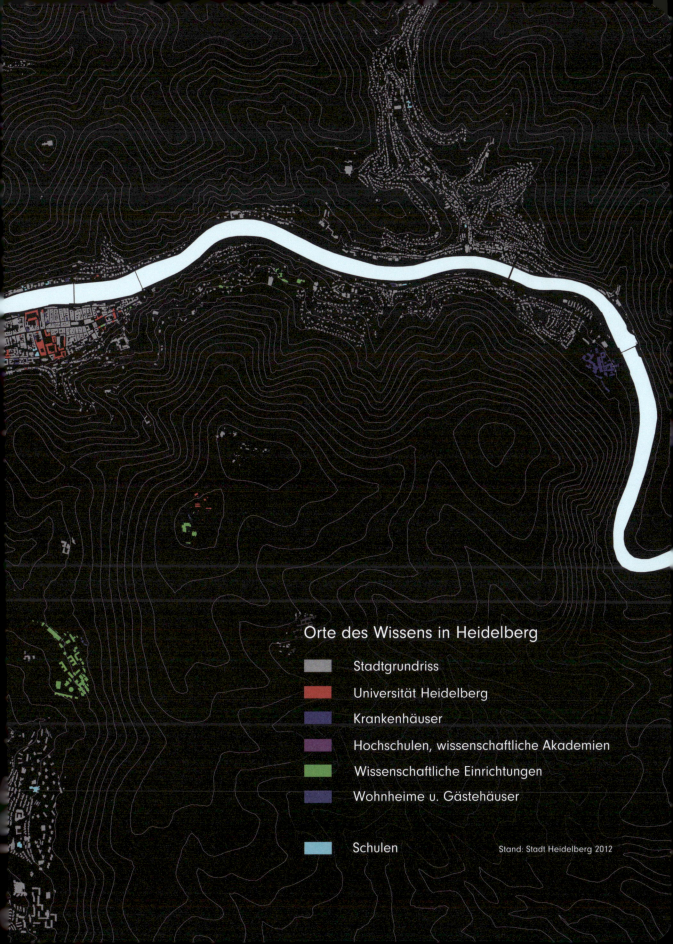

Anmerkung | Harald Martenstein

Eine einfache IBA-Übersetzungshilfe
ÜBERSCHÄRFUNG

Ich habe mich mit den Vorbereitungen zur IBA 2022 befasst. Ich interessiere mich für Architektur, bewohne seit Jahrzehnten die verschiedensten Gebäude und kenne Heidelberg ein wenig. Wahrscheinlich gehöre ich zur Zielgruppe einer IBA. Am besten, sagte ich mir, liest du die »Empfehlungen des Kuratoriums zur Stärkung des Profils der IBA«.

Was kommt auf uns interessierte Laien zu? Ich fasse zusammen, wobei ich den Text ein wenig vereinfacht habe. Ich habe ein paar Füllwörter gestrichen, damit es sich besser liest und verständlicher wird. Außerdem versuche ich, Fachfremden zu erklären, worum es geht.

»Wissen | schafft | Stadt« als Leitthema der IBA bezieht sich auf alle Ebenen der Raumproduktion in der heutigen Wissensgesellschaft. Einen zentralen Schritt zum Generieren von Projekten bildet der Projektaufruf, an dem sich Akteure mit einem fruchtbaren Spektrum beteiligten.«

»Alle Ebenen der Raumproduktion« soll hier heißen, dass bei einer IBA auch mehrstöckige Gebäude zulässig sind. Auch das Innere eines Gebäudes, also die Luft in diesem Haus, gehört, als Raumprodukt, zu einer IBA dazu. Projekte, die völlig ohne Projektaufruf entstanden sind, gelten dagegen in der Fachwelt als problematisch, es könnte sich um Schwarzbauten handeln. Unter »Akteuren ⚥ mit einem fruchtbaren Spektrum« sind nicht etwa besonders kinderreiche Architekten zu verstehen, sondern Leute, die schon mindestens zwei Mal etwas gebaut haben. Ein einziges Haus wäre noch kein »Spektrum«.

»Zudem haben sich vor dem Hintergrund wandelnder Governance ⚥ -Formen mehr und mehr prozessbezogene, integrierende Arbeitsweisen etabliert.«

Laien muss hier wohl erklärt werden, was eine »prozessbezogene, integrierende Arbeitsweise« bedeutet: Beim prozessbezogenen Bauen werden die Klagen von Nachbarn und die fast unvermeidlichen Rechtsstreitigkeiten mit saumseligen Handwerkern von Anfang an in den konzeptionellen Prozess integriert, etwa durch den Abschluss einer Rechtsschutzversicherung. Dabei ist darauf zu achten, dass die Versicherung auch bei einer sich wandelnden Governance-Form zahlt, etwa bei einer neuen Gesetzeslage oder nach einem Militärputsch.

Harald Martenstein (*1953), Studium Geschichte und Romanistik in Freiburg/B.; Journalist und Autor, lebt und arbeitet in Berlin

UND VERORTUNG

»Dabei haben sich vier plus eins Themenfelder herauskristallisiert, die aber noch der Schärfung und Verortung bedürfen. (...) Ein zentraler Schritt für diese Schärfung des Profils von Heidelberg als *Knowledge Pearl* ist der Abbau von Tabuthemen. Hierfür ist die Etablierung eines Formats von zentraler Bedeutung, das thematisch flexibel auf unterschiedliche Fragen und Räume wie zum Beispiel das Neuenheimer Feld ausgerichtet werden kann.«

Mit anderen Worten: Bei dem Abbau der Tabus, einem Vorgang, welcher die Schärfung der *Knowledge Pearl* bei der Kristallisierung des Themenfelds positiv integriert, soll ein Format etabliert werden, welches flexibel auf Fragen und Räume ausgerichtet werden kann, etwa auf das Neuenheimer Feld. Das Neuenheimer Feld ist, einmal ganz einfach gesagt, sowohl eine Frage als auch ein Raum, es handelt sich also um ein dreidimensionales Feld in Frageform, und allein das verspricht bei der IBA ein Publikumsmagnet zu werden. Das interessierte Publikum wird daran erkennen, was mit dem relativ traditionellen Mittel der Schärfung, das schon unseren Vorfahren im Altertum bekannt war, man denke an die Schärfung der Äxte, aus einen simplen Feld alles werden kann.

Wenn man das Neuenheimer Feld dann auch noch verortet, denn der Verortung bedarf es bei der Kristallisierung der Baukunst zu echten Gebäuden ja zweifellos, und zwar flexibel, denn bei sich wandelnden Governance-Formen kann es nötig werden, das Bauwerk schnell wieder abzubauen oder der neuen Governance anzupassen, hat man es bei dem Neuenheimer Feld mit einer bereits fix und fertigen, begehbaren *Knowledge Pearl* zu tun. Das Gegenteil einer *Knowledge Pearl* heißt übrigens »*Ignorance Hole*«, vor der Gründung der Uni war Heidelberg ein *Ignorance Hole*. Offen bleibt die Frage, ob das Neuenheimer Feld zu den vier prozessbezogenen Themenfeldern mit Rechtsschutz gehört oder ob es sich womöglich um das besonders riskante »Plus-eins«-Themenfeld handelt – in diesem Punkt bleibt das Papier des Kuratoriums ein wenig unkonkret. Ich werde mir das auf jeden Fall anschauen, gemäß meinem ganz privaten IBA-Leitthema »Mensch | kuckt | Haus«.

Theresia Bauer, Ministerin für Wissenschaft, Forschung und Kunst Baden-Württemberg
Wissenschaft und Gesellschaft
Das Land pflegt seine »Knowledge Pearls«

Wissenschaftliche Exzellenz findet man überall in Baden-Württemberg. Es gibt eine ganze Reihe von *Knowledge Pearls* – also von Städten, die wesentlich von ihren Universitäten und Forschungseinrichtungen geprägt sind. Heidelberg ist zweifelsohne eine ganz besonders glänzende Perle – spätestens der Gründung der Universität im Jahr 1386. Das sehr viel jüngere Land Baden-Württemberg – in dieser Form seit 1952 – pflegt seine *Knowledge Pearls*.

Um ihren Glanz zu erhalten, ist zunächst in kluge Köpfe zu investieren. Aber damit verbunden sind seit jeher Pflege und Neuerrichtung von Bauten für Bildung und Wissenschaft.

Was in den vergangenen Jahrzehnten an wissenschaftlichen Einrichtungen in Heidelberg gebaut wurde und noch gebaut wird, kann sich sehen lassen. Um nur einige Beispiele zu nennen:

Mit dem Nationalen Centrum für Tumorerkrankungen (NCT) haben das Deutsche Krebsforschungszentrum (DKFZ), das Universitätsklinikum Heidelberg, die Thorax-Klinik Heidelberg sowie die Deutsche Krebshilfe einen zukunftsweisenden Schritt unternommen, um translationale Krebsforschung mit interdisziplinärer Patientenversorgung erstmalig unter einem Dach zu vereinen. Damit verbunden ist die europaweit erste kombinierte Protonen-/ Schwerionentherapieanlage, das Heidelberger Ionenstrahl-Therapiezentrum (HIT). Und das NCT wird weiter ausgebaut.

Mit dem Neubau für die Chirurgie wird der »Klinikring« im Neuenheimer Feld geschlossen. Im 1. Bauabschnitt wird die Allgemeine Chirurgie (Viszeralchirurgie, Transplantation) mit Kinderchirurgie, Herzchirurgie, Gefäßchirurgie, Urologie, Anästhesiologie und Radiologie errichtet. Mit Gesamtbaukosten von 170 Mio. Euro ist dies die größte Bauinvestition des Universitätsklinikums.

Mit der Verlagerung der Einrichtungen des Universitätsklinikums ins Neuenheimer Feld entstand in Bergheim ein neuer Campus, der Wirtschafts- und Sozialwissenschaften zusammenbringt. Mit dem Center for Asian and Transcultural Studies (CATS) werden hier das Exzellenz-Cluster Asia and Europe, das Südasien-Institut und das Zentrum für Ostasienwissenschaften zusammengeführt. Der neue Campus hat mittlerweile eine besondere Strahlkraft auf den gesamten Stadtteil entwickelt.

Auch die Altstadt erfährt – trotz der vielfach denkmalgeschützten Gebäude – Neuerungen. So wurde 2015 der Umbau des Triplex-Gebäudes abgeschlossen und damit für die altehrwürdige Universitätsbibliothek eine neue Studien- und Leselandschaft erschlossen.

Der Hauptstandort des European Molecular Biology Laboratory (EMBL) liegt etwas versteckt im Heidelberger Stadtwald, aber überzeugt mit sehenswerter Architektur und mit internationaler Sichtbarkeit als eine der renommiertesten (molekular-)biologischen Forschungseinrichtungen der Welt.

Doch Wissenschaft braucht nicht nur Räume, sondern auch eine verlässliche Finanzierung. Baden-Württemberg hat deswegen als bundesweit erstes Land die Empfehlung des Wissenschaftsrats umgesetzt und steigert mit dem Hochschulfinanzierungsvertrag die Grundfinanzierung der Hochschulen von 2015 bis 2020 um drei Prozent pro Jahr.

Knowledge Pearls zeichnen sich – in Anlehnung an Willem van Winden, siehe Seite 50 – vor allem dadurch aus, dass sich Hochschulen und Gesellschaft eng verzahnen und austauschen. Die relativ überschaubare Größe der Stadt bietet die Möglichkeit, die Stadt als lebendes Labor, als Reservoir von Forschungsfragen und als Hörsaal für Studierende zu begreifen. Wissenschaft wird hier lebendig und spielt auch im Alltag eine wichtige, erfahrbare Rolle.

Das Wissenschaftsministerium denkt in eine ähnliche Richtung und fördert ein neues Modell für die Kooperation von Wissenschaft und Gesellschaft. Sogenannte Reallabore machen das Leben zum wissenschaftlichen Experimentierfeld. Und gleich bei drei Reallaboren kommen die Hauptantragsteller aus Heidelberg:

Mit der Universität als Hauptantragstellerin erforscht das Urban Office nachhaltige Stadtentwicklung in der Wissensgesellschaft. Auch die Internationale Bauausstellung wird damit Gegenstand der Forschung.

Die SRH Hochschule Heidelberg geht in dem Reallabor »Stadt-Raum-Bildung« der Frage nach, wie durch Um- und Ausbauten von Schulen Bildungslandschaften geschaffen werden können, die individualisierte und kooperative Lernformen ermöglichen.

Und über die Pädagogische Hochschule wird in der Rhein-Neckar-Region untersucht, welche Faktoren die wirtschaftliche und die soziale Integration von Geflüchteten fördern.

Das sind nur kleine Ausschnitte, man könnte auch sagen einzelne Facetten des »Glanzes der Perle«. Heidelberg ist auf bestem Wege, eine – vielleicht sogar die »Wissensstadt von morgen« zu werden. Die Internationale Bauausstellung kann ihr wertvolle Impulse liefern. Der Unterstützung durch das Land kann sich Heidelberg weiterhin sicher sein. ◣

Bernhard Eitel, Rektor der Universität Heidelberg

Heidelberg
Eine europäische Wissenschaftsstadt mit Zukunft!

Die Stadt Heidelberg steht gemeinsam mit den Wissenschafts- und Forschungseinrichtungen im internationalen Wettbewerb der besten Wissenschaftsstandorte. Mit der ältesten Universität Deutschlands, starken außeruniversitären Forschungspartnern, einem erprobten Netzwerk mit den global erfolgreichen Wirtschaftsunternehmen der Region und der hohen internationalen Anziehungskraft der Stadt sind wichtige Voraussetzungen gegeben, Heidelberg als Zentrum eines Diskurses über die Wissensgesellschaft der Zukunft zu etablieren. Die Internationale Bauausstellung (IBA) hat den Auftrag und das Ziel, diese Diskussion in die Stadtgesellschaft zu tragen und damit das Bewusstsein für die wechselseitigen Abhängigkeiten bei gleichzeitig ständiger Weiterentwicklung von Wissenschaft und Stadt zu fördern, um nicht zuletzt die Identifikation der lokalen Bevölkerung mit ihren Wissenschaftseinrichtungen zu stärken.

Stadt und Universität Heidelberg profitieren gleichermaßen von ihrer Lage in der Metropolregion Rhein-Neckar mit rund 2,3 Millionen Einwohnern in einem der potentesten Forschungs- und Innovationsräume der Europäischen Union. Darüber hinaus kennzeichnet eine spezifische Tandem-Situation die Wissenschaftsstadt Heidelberg. Wenn wir auf die Nachbarschaft von Oxford und Cambridge zu London, von Stanford zu San Francisco, von Leuven zu Brüssel oder Lund zu Malmö schauen, wird dies deutlich. Heidelberg nutzt alle Möglichkeiten und Vorteile der Lage in einem starken Oberzentrum, ohne jedoch die typischen Nachteile großer Städte teilen zu müssen.

Das kreative Potential, dass wir in Heidelberg haben, ist ein entscheidender Standortfaktor für die »Wissensstadt von morgen«, an deren Blaupause die IBA Heidelberg arbeitet. Um eine *Knowledge City of the Future* zu schaffen und die besten Wissenschaftler aus aller Welt nach Heidelberg zu ziehen, ist diese geographische Situation mit nahe gelegenen urbanen Zentren und bester verkehrlicher Anbindung – zum Beispiel durch einen internationalen Flughafen – von entscheidender Bedeutung.

Mit rund 14.000 Mitarbeitern, über 30.000 Studierenden und 7.200 Doktoranden ist die Universität die größte Arbeitgeberin in der Region. Der Impakt der

Das Universitätssiegel von 1386 symbolisiert den Stiftungsvorgang der Universität Heidelberg: Der Apostel Petrus, zu sehen in der Mitte unter einem Baldachin vor einer gotischen Kathedrale, gilt als Schutzpatron der Universität.

Universität für die regionale Wirtschaft beträgt rund 1,8 Milliarden Euro[1]. Es ist wichtig, diese ökonomische Bedeutung der Universität anzuerkennen, insbesondere vor dem Hintergrund der fragilen Prosperität einer Universität.[2]

Die drei Campusgebiete der Universität bilden integrale Teile der Stadt und schaffen Interaktion zu beidseitigem Nutzen. Diese Prozesse sind nicht immer ohne Konflikte. Der Campus »Im Neuenheimer Feld« wächst mit neuen wissenschaftlichen Einrichtungen der Natur- und Lebenswissenschaften. Das Neuenheimer Feld ist kein monolithischer und isolierter Stadtteil. Hier leben und arbeiten rund 20.000 Menschen. Die Herausforderung ist, die verkehrliche Anbindung an die Stadt zu verbessern, ohne die Bedingungen für die wissenschaftliche Arbeit auf dem Campus zu beeinträchtigen.

Neben dem Altstadt-Campus mit den Geisteswissenschaften sowie den Rechts- und Verhaltenswissenschaften entwickelt sich zur Zeit der dritte Campus in Bergheim besonders rasch. In den 1860er Jahren als Medizincampus gegründet, konzentrieren sich hier aktuell die Sozialwissenschaften mit derzeit etwa 2.500 Studenten. Wir erwarten, dass in zwei Jahren noch einmal zusätzlich 1.000 Studenten der Asienwissenschaften und der Ethnologie dorthin umgezogen sein werden. Bergheim mit seinem Campus ist ein Stadtteil im Umbruch und im Wandel – hier sollten Stadt und Universität gemeinsam mit der IBA Zukunft gestalten. Bergheim kann die Heidelberger Altstadt mit dem Neuenheimer Feld verknüpfen.

Die Symbiose zwischen Stadt und Universität umfasst jedoch wesentlich mehr als Ökonomie, Gebäude und Verkehrsinfrastruktur: Sie umfasst den kulturellen Austausch und die Qualität des städtischen Lebens. Eine der anspruchsvollsten Zukunftsaufgaben wird es sein, das etablierte Profil als Wissenschaftsstadt im verständnisvollen Miteinander von Stadt und Universität weiter zu entwickeln und sich vor diesem Hintergrund gemeinsam den gesellschaftlichen, kulturellen, aber auch städtebaulichen Herausforderungen zu stellen.

1) Johannes Glückler und Kristina König: Die regionalwirtschaftliche Bedeutung der Universität Heidelberg. In: Peter Meusburger und Thomas Schuch (Hrsg.): Wissenschaftsatlas der Universität Heidelberg. Standorte und räumliche Beziehungen der Ruperto Carola in 625 Jahren. Knittlingen 2011

2) Peter Meusburger: Wissenschaftsstadt Heidelberg. Analysen und Strategien. https://www.heidelberg.de/site/Heidelberg_ROOT/get/params_E-936242668/815226/Strategiepapier_Wissenschaftsstadt_2016-10-10_Dr_Peter_Meusburger.pdf (aufgerufen am 22. Januar 2017)

Kommentar | Heinrich Wefing

Partizipation oder ein Gefühl von Demokratie

ALLES VERFAHREN?

Man kann es bedauern, oder man kann es als Fortschritt der Zivilgesellschaft ⬆ feiern – aber es ist unverkennbar: Die alte bundesrepublikanische Konsensformel von der Legitimation durch Verfahren hat ihre magische Kraft eingebüßt.

Es ist nicht mehr das bürokratisch-parlamentarische Prozedere, das Legitimation und Vertrauen in politische Entscheidungen schafft, weder im Bund noch in den Ländern oder den Städten. Heute, so scheint es, braucht es offenere, diskursive Ansätze, vervielfältigte Mitspracherechte für möglichst alle *Player*, um Entscheidungen von einigem öffentlichen Gewicht zu orchestrieren und zu rechtfertigen. Es braucht Interaktivität und Anhörungen in allerlei Foren, Konventen, Nachbarschaftsplenen oder an den allgegenwärtigen Runden Tischen. Oder gleich Volksbefragungen, Plebiszite, Referenden. Siehe Stuttgart 21. Siehe Tempelhofer Feld. Siehe die Schulpolitik in Hamburg.

Ob bei diesem institutionalisierten Palaver, das vornehm *Multilevel Governance* ⬆ heißt oder auch *Multi Stakeholder*-Verfahren, tatsächlich am Ende bessere Entscheidungen getroffen werden, ob in offenen Foren der Stadtplanung womöglich sogar bessere Architektur und lebenswertere Quartiere entstehen, oder ob nicht lediglich der harte Zusammenprall der widerstreitenden Interessen ein wenig diskursiv abgepuffert wird – das ist schwer zu sagen.

Einigermaßen sicher ist nur, dass die Legitimation, die bei derlei Partizipationsveranstaltungen erzeugt wird, meist eher flüchtig ist, flatterhaft und flüssig, wie es die Piratenpartei mit ihrem Konzept der *Liquid Democracy* selbst erlebt und erlitten hat. Das zeigt sich nicht selten dann, wenn solcherart partizipativ gefundene Entscheidungen in die Realisierung überführt werden sollen. Schon kleinere Abweichungen oder Anpassungen an veränderte Verhältnisse bedrohen dann leicht den mühsam herbeidiskutierten Konsens.

Vielleicht wäre es einmal ein halbes Dutzend geisteswissenschaftlicher Dissertationen wert, der Frage nachzugehen, wie sehr der Aufstieg des Par-

Heinrich Wefing (*1965), Journalist, nach Feuilleton-Leitung der FAZ in Berlin Mitglied der politischen Redaktion der ZEIT in Hamburg

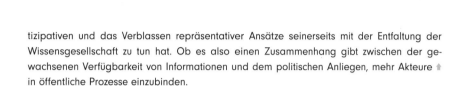

tizipativen und das Verblassen repräsentativer Ansätze seinerseits mit der Entfaltung der Wissensgesellschaft zu tun hat. Ob es also einen Zusammenhang gibt zwischen der gewachsenen Verfügbarkeit von Informationen und dem politischen Anliegen, mehr Akteure in öffentliche Prozesse einzubinden.

Man könnte ja auf den Gedanken kommen, dass die leichtere Zugänglichkeit von Daten und die Vervielfältigung der Quellen tatsächlich das Bedürfnis vieler Bürger und Interessenvertreter gefördert hat, sich über öffentliche Angelegenheiten nicht nur kundig zu machen, sondern sie auch mitzugestalten, wenigstens an dem öffentlichen Gespräch über ihre Verfertigung teilzuhaben.

Das war jedenfalls die verbreitete Hoffnung, Transparenz werde Engagement und Teilhabe fördern und damit insgesamt die Demokratie stärken. Wenigstens punktuell ist diese Hoffnung sicherlich in Erfüllung gegangen. Wer heute öffentlich gestalten will, muss die Öffentlichkeit einbinden, stärker als je zuvor.

Man darf aber mindestens leise Zweifel hegen, ob diese Entwicklung nicht auch gegenläufige Tendenzen fördert. Es deutet ja einiges darauf hin, dass hinter dem Verblassen des Luhmann'schen Ideals der Legitimation durch Verfahren auch noch andere, weniger erfreuliche Kräfte stehen. Unübersehbar ist in den westlichen Gesellschaften ein generelles Abbröckeln von Autorität, eine allgemeine Erosion von Vertrauen in Institutionen, womöglich gar ein anarchischer Geist, der sich auflehnt gegen alles, was von »denen da oben« kommt, von den vermeintlichen Eliten, den Technokraten, den Bürokraten und Lobbyisten. Schon macht das Wort von der »postfaktischen Politik« die Runde, die ihre Legitimation nicht mehr aus Erkenntnissen und Argumenten im Diskurs gewinnt, sondern aus Gefühlen und Stimmungen.

Wenn dem so wäre, und wenn sich solche Tendenzen gar noch verstärken sollten, dann wäre das gerade auch für das Konzept der *Multilevel Governance* eine ernste Herausforderung. Denn der Ausgleich der unterschiedlichen Interessen vielfältiger Akteure ist natürlich nicht ohne ein Mindestmaß an Vertrauen möglich.

Es ist in diesem Zusammenhang auf den ersten Blick vielleicht nur ein Kuriosum, aber doch nicht ganz ohne Belang, dass die potentiell entscheidenden Akteure der künftigen Wissensgesellschaft, die großen kalifornischen Digitalkonzerne, sich jeder *Governance* gezielt entziehen. Eine demokratisch legitimierte Deliberation über ihre Ziele und Methoden oder auch nur über ihre Rolle in den Gemeinden, in denen sie ihre Hauptquartiere haben, ist nicht vorgesehen. Ja, sie ist ihnen ganz wesensfremd. Nirgendwo wird das deutlicher als in der Architektur der neuen Firmensitze von Google und Apple im Silicon Valley. Sie glichen, schrieb unlängst Nikil Saval in der New York Times, Raumschiffen, die in einer feindlichen Umgebung gelandet seien. *Governance by Google*, so viel ist sicher, ist kein Modell für das Miteinander klassischer Universitäten und europäischer Städte. ◥

Links: Chemische Institute im Neuenheimer Feld,
Architekten: Gaiser + Partner, Karlsruhe.
Die Skulptur »Catenan« stammt von dem Heidelberger
Künstler Klaus Horstmann-Czech.
Rechts: Das Lebenswissenschaftliche Zentrum »BioQuandt«,
Architekten: Staab Architekten, Berlin

Ulf Matthiesen

Heidelberg und seine IBA

Experimentierräume für eine sozial ausgewogene, europäische »Knowledge Pearl«

Städte, die einer wissensbasierten Entwicklungsagenda folgen, erleben weltweit einen rasanten Bedeutungszuwachs. Wichtige Zeitdiagnostiker vermuten zugleich auf gesellschaftlicher Ebene einen Epochenbruch – hin zu einer »posttraditionalen Wissensgesellschaft«. Ursache dafür ist, dass Wissen in seinen mannigfachen Formen, Funktionen, Akteurskonstellationen und institutionellen Arrangements zur entscheidenden Grundlage unseres Zusammenlebens geworden ist: sozial, wirtschaftlich, kulturell und politisch. Welche Konsequenzen zieht Heidelberg daraus?

Wissensbasierter Urbanismus in Europa – Chancen und Herausforderungen

In den dynamischen Prozessen urbaner ⬥ Kompetenzanreicherung spielen Universitäten und Forschungseinrichtungen eine zentrale Rolle. Und sie werden zu Magneten für Talente; das schließt unorthodoxe, gar heterodoxe Kompetenzformen als potenzielle Saatbeete für Kreativität und Innovation immer mit ein. Damit einher geht eine weltweite Verschärfung der Konkurrenz um Wissen ⬥, Informationen und Daten. Und nicht zuletzt: Ohne Bildung und kontinuierliche Lernprozesse sind solche wissensbasierten Entwicklungsagenden nicht mehr denkbar. So formieren sich unter unseren Augen gerade in den Städten neue Wissenskulturen und Wissensmilieus zu charakteristischen urbanen Wissenslandschaften.

Heidelberg steht exemplarisch für die gesamte Palette dieser Prozesse. Denn gerade kleine Großstädte mit exzellenten Forschungsuniversitäten spielen in diesem weltweiten Wissenskonzert eine zunehmend wichtige Rolle, insbesondere dort, wo sie einfallsreich in eine dynamisch sich entfaltende Metropolregion ⬥ – Rhein Neckar etwa – eingebettet sind. Insofern kann diese Stadt auch als ein beispielhafter, überschaubarer Experimentierraum für einen wissensbasierten Urbanismus in Europa gelten. Frühzeitig, teilweise sogar früher als andernorts, lassen sich hier markante Prozesse und Effekte dieser inzwischen weltweiten Trends erkennen. Dazu gehören auch unerwünschte Effekte – neue Disparitäten etwa. Gerade im Rahmen der IBA werden daher in Heidelberg Lösungen für die Herausforderungen dieser neuen wissensbasierten Stadtentwicklung erprobt.

Heidelberg als europäische »Knowledge Pearl« – Formierung, Statur, Entwicklungschancen

Maßgeschneidert für Heidelberg erscheint ein städtischer Strukturtyp, der zunächst von der regionalökonomischen Forschung entdeckt wurde[1]: das Perspektivkonzept der »Wissensperlen«, der *Knowledge Pearl*s. So werden kleinere und mittlere Großstädte bezeichnet, die durch exzellente Forschungsuniversitäten und weitere herausragende wissenschaftliche Einrichtungen gekennzeichnet sind und die zugleich stark vernetzt innerhalb einer dynamischen Metropolregion operie-

---

1) siehe Willem van Winden, Seite 50 in diesem Buch

ren. Cambridge, Oxford, Leuven, Bologna, Lund und eben Heidelberg sind gute Beispiele dafür. Skalen- und Infrastrukturdefizite lösen *Knowledge Pearl*s durch Kooperationen und Kooptationen mit den dynamischen Metropolregionen um sie herum. Probleme im Bereich Mobilität etwa, die für die neuen Wissensnomaden fatal wären, werden innerhalb dieses größeren, regionalen Kontexts gelöst. So entschärft Cambridge etwa die Mobilitätsprobleme seiner global vernetzten Wissenschaftler, indem es London-Stansted als Vorort-Hub-Flughafen nutzt. Heidelberg profitiert in dem Zusammenhang vom internationalen Großflughafen Frankfurt. Hinzu treten fruchtbringende Kooperationen mit erfolgreichen regionalen Wirtschaftsakteuren oder gar Weltmarktführern in der jeweiligen Metropolregion – im Falle Heidelbergs zum Beispiel mit SAP oder BASF.

Knowledge Pearl? – Was uns die Wissensperlen-Metapher verraten kann

Die Perlen-Metapher drängt sich aus mehreren Gründen auf. Zunächst einmal ist sie auf Anhieb verständlich – und zwar weltweit. Vor allem aber kann sie entscheidende Merkmale von wissensbasierten Entwicklungsprozessen verdeutlichen helfen. Denn der delikate Wachstumsprozess der Perlmutt-Ummantelung eines zunächst trivialen Kalkkerns mit seinen mannigfaltigen Schichtungen hat erhebliche Qualitätsunterschiede in der Struktur seiner Wachstumsringe zur Folge. Im exzellenten Fall entwickeln sich kostbare, über die Maßen attraktive Lüster- und Farb-Qualitäten, die viele Querbezüge zu den Attraktionspotentialen von *Knowledge Pearl*s zeitigen. Zeitlich organisierte Entwicklungsprozesse entlang von DNA ↑-Sequenzen sind dafür verantwortlich, dass jede Perle anders und eigen geprägt ist. Hinzu tritt die notwendige Pflege und Fassung der Perle durch kundige und geschickte Menschen, um deren Attraktivität zur Geltung kommen zu lassen und ihren Charme zu profilieren. Das schließt den intimen Kontakt zum menschlichen Körper beziehungsweise zu seiner Haut ein. Um den Glanz und die Attraktivität zu steigern, sind möglicherweise auch frappierend neue Fassungsvarianten angesagt.

In ganz vielfältiger Weise also scheint die weltweite Verständlichkeit der Perlen-Metapher von evolutorischen Prozessen unterfüttert, die durch eine kostbare Mischung aus Natur und Kultur, aus Tradition, Geschichte, Craftsmanship, Körperlichkeit und modernen menschlichen Interventionen geprägt ist.

Ohne große Mühe lassen sich viele dieser Prozesse mit Entwicklungstendenzen gerade von kleinen wissensbasierten Großstädten verknüpfen, gerade auch in deren ‚reizender‘ Mischung von Überschaubarkeit und Weltläufigkeit. So lassen sich ‚Lüsterqualitäten‘ profilieren, die für den verschärften Wettbewerb um die ‚*brightest minds*‘ auf globalen Arbeitsmärkten wichtige Attraktivitätsvorteile bringen. Allerdings wollen diese Lüster-Vorteile intensiv gepflegt, zukunftsfähig profiliert, möglicherweise auch ganz neu gefasst werden.

All das spricht aber auch dafür, im Rahmen der Heidelberger IBA das *Knowledge Pearl*-Konzept von seinen regionalökonomischen Engführungen zu befreien und um kulturelle, bauliche, wissenschaftliche, soziale und politische, also um urbane Kontexte zu erweitern.

Ich danke der Heidelberger Goldschmiedemeisterin und Perlenschmuck-Macherin Suzanne Thiel für entscheidende Hinweise zum Verständnis von Naturperlen, zu ihrer ‚lüsternen‘ Schönheit, ihrem Wachstum in Jahresringen, ihrer beispielgebenden Individualität. Die hier skizzierte Weiterentwicklung des Leitbildes der »*Knowledge Pearl* Heidelberg« kann davon profitieren.

Zur kreativen Spannung zwischen Heidelberger Stadtgesellschaft und ihren Universitäten – Kooperationen und Herausforderungen

Eine seit Jahrhunderten fruchtbare Symbiose zwischen der ältesten deutschen Universität Ruperto Carola (1386) und der Stadt Heidelberg mit ihren Akteursgruppen, intellektuellen Kreisen und Arenen gilt mit Recht als Hauptcharakteristikum der langen Beziehungsgeschichte. Zugleich zeigen und zeigten sich immer auch erhebliche Eigenheiten und Widerständigkeiten zwischen einer der forschungsstärksten Hochschulen Europas und der selbstbewussten Stadtbürgerschaft. Grund dafür sind unterschiedliche Handlungs-, Zeit- und Interessenlogiken ↑ von Universität und Stadt, von *Town and Gown* ↑. Diese sind keinesfalls einzelnen Personen anzulasten, sondern dem institutionellen Arrangement geschuldet.

Zur Vorbereitung der IBA Heidelberg haben wir – im Auftrag des Stadtplanungsamtes – eine umfassende Stadtstudie zu den Heidelberger Wissensmilieus und ihren lokalen Kontexten erarbeitet[2]. Ein Resultat war, dass wir die Beziehung zwischen starker, exzellenter Voll-Universität mit zwölf Fakultäten und engagierter Stadt und Stadtgesellschaft immer auch als kreative Spannung kennengelernt haben. Dafür fanden wir den Begriff »symbiotische Parallelwelten« treffend.

Um diese symbiotische Parallelwelten-These zumindest für die Zeit-Dimension kurz plausibel zu machen: Kommunalpolitik agiert im Rhythmus der Wahltage, ihre wichtigsten Steuerungsfaktoren sind Macht, Einfluss und politischer Gestaltungswille. Die Universität dagegen folgt den Verfahrensnormen wahrer, relevanter Erkenntnis als ihres Zentralmodus. Dieser rechnet zwar zunehmend auch mit wissenschaftlichen Paradigmenwechseln und damit, dass die Halbwertszeit der Gültigkeit wahren Wissens abnimmt. Dennoch folgt der Zentralmodus der Wahrheit ↑ bis in seine institutionellen Arrangements hinein einer langfristigeren Zeitlogik. Das schließt machtbewusste Durchsetzungsstrategien im Institutionengeflecht der Universität und gegenüber der Stadt ein.

Neben Stadt und Universität tritt unüberhörbar gerade in Heidelberg ein weiterer Akteur auf den Plan: eine selbstbewusste, allerdings stark fraktionierte Stadtbürgerschaft. Der Gemeinderat mit seinen verschiedenen politischen Orientierungen ist dafür das einschlägige Debatten- und Entscheidungsfeld. Und gerade hier finden sich häufig lang anhaltende, erregte Diskussionen über Tabuthemen rund um die weitere Stadt- und Universitätsentwicklung – beispielsweise fünfte Neckarquerung, Handschuhsheimer Feld, Altstadt, Konversionsflächen. Zwar ist die Ruprecht-Karls-Universität mit 14.000 Beschäftigten – plus einigen Tausend im Universitätskrankenhaus Arbeitenden – der mit weitem Abstand größte Arbeitgeber der Stadt – bei 32.000 Studenten. Nicht zu vergessen sind die vier weiteren Hochschulen in Heidelberg: Pädagogische Hochschule, die private SRH-Hochschule, die Hochschulen für Jüdische Studien und für Kirchenmusik – insgesamt mit etwa 10.000 Studenten. Diese komplexe, große Universitätslandschaft ist im politischen Entscheidungsprozess des Gemeinderats eigentümlicherweise seit einigen Legislaturperioden nur indirekt vertreten.

Das befördert gegenseitiges Unverständnis: Die Stadtbürgerschaft zeigt sich etwa entgeistert über den ökologisch fragwürdigen Flächenhunger der wachsenden, extrem erfolgreich Drittmittel einwerbenden Forschungsuniversität. Die Ruprecht-Karls-Universität und ihre unterschiedlichen Wissensmilieus reagieren teilweise mit Fassungslosigkeit gegenüber Interessen der Stadtmilieus auf der anderen Seite, die von ihrer partikularistischen ↑ Orientierung nicht abrücken. Darunter leiden die notwendigen Kooperationsbezüge zwischen Stadt und Stadtbürgerschaft einerseits sowie Universität, Forschung und Bildung andererseits erheblich.

Wissensbasierte Stadtentwicklung, wie sie durch die Heidelberger IBA weiter profiliert wird (»Wissen | schafft | Stadt«), ist dann die Kunst, diese unterschiedlichen Handlungs- und

---

2) komprimiert in: Stadt Heidelberg, Stadtplanungsamt (Hrsg.): Wissen schafft Stadt. Bausteine für ein Memorandum, September 2009. http://www.iba.heidelberg.de/files/61_pdf_iba_wissenschafftstadt_memorandum.pdf (aufgerufen am 22. Januar 2017)

Halle des Advanced Training Center des European Molecular Biology Laboratory, Architekten: Bernhardt + Partner, Darmstadt

Zeit-Logiken ⬆ zu einem Win-win-Spiel der Kompromissbildung und des gegenseitigen Gebens und Nehmens weiterzuentwickeln. Der stadtentwicklungsstrategische Witz dabei ist natürlich, die dafür notwendigen Kompromissbildungen mit einer längerfristigen, über den Rhythmus der Wahltage hinausreichenden Entwicklungskonzeption zu verbinden: nachhaltig, zukunftsfähig, qualitätsvoll, gestaltrichtig ⬆ integrativ und nicht zuletzt das Besondere, das Spezifische dieser hoch attraktiven Wissensstadt weiter profilierend.

Binnenstrukturen der Wissensperle Heidelberg – zwei Kulturen, drei Kulturen, viele Wissenskulturen?

Auf faszinierende Weise lassen sich die Wissenschaftsstandorte Heidelbergs immer klarer drei unterschiedlichen Wissenschaftskulturen zuordnen:

- Die Altstadt – mit den ersten veritablen Wissenschaftsbauten seit Mitte des 19. Jahrhunderts – ist inzwischen zur unbestrittenen Adresse der Geisteswissenschaften geworden.
- Die erklärungsstarken Sozialwissenschaften haben sich westlich der Altstadt in Bergheim, dort im gründerzeitlichen Altklinikum – und hier insbesondere in der opulenten ehemaligen Krehl-Klinik – glücklich versammelt. Bergheim wurde damit zugleich zu einem der spannendsten Heidelberger Stadtteile, in dem städtisches Leben und eine Dosis Chaos sich auf anregende Weise mit städteplanerischen Vorgaben mischt.
- Ein veritables Kraftzentrum der Heidelberger Wissenschaftslandschaft hat seit den 50er-Jahren des 20. Jahrhunderts konsequent den Sprung über den Neckar vollzogen. Der Campus Neuenheimer Feld wurde seither zu einem beeindruckenden, systematisch arrondierten Gelände für Naturwissenschaften, Lebenswissenschaften und Medizin ausgebaut, sinnvoll und fußläufig vernetzt mit dem Deutschen Krebsforschungs-Zentrum und mehreren Max-Planck-Instituten in seiner Mitte.

Auf höchstem Niveau ergänzt wird das Kompetenzprofil dieses Campus' durch exzellente weitere Forschungsstandorte, etwa das European Molecular Biology Laboratory – Europas großes Flaggschiff für Grundlagenforschung im Bereich der Molekularbiologie – auf dem Boxberg.

Nur teilweise geplant, aber faktisch und räumlich sehr real hat sich gleichsam die DNA ⬆ der Heidelberger Stadtentwicklung so entlang eines auch wissenschaftstheoretisch einschlägigen Skriptes von drei klar unterscheidbaren Wissenschaftskulturen entwickelt. Die dabei immer deutlicher hervortretende, sequentielle Logik der Stadt- und Universitätsentwicklung gehört inzwischen zum unverwechselbaren Charakteristikum und zum Identitätsprofil Heidelbergs. Entsprechend erkennt die IBA Heidelberg eine ihrer Aufgaben darin, diese Sequenzlogik der gesamtstädtischen Entwicklung weiter zu profilieren. Klar ist dabei, dass die drei Standorttypen ganz unterschiedliche Herausforderungen bereithalten – etwa was ihre weitere Arrondierung, Profilierung und Pflege, aber auch was ihre komplementäre Weiterentwicklung anlangt. Dazu werden Brücken und andere Verbindungen zwischen diesen Standorten immer relevanter. Und nicht zuletzt stellen die drei Wissenschaftskulturen mit ihren besonderen Wissensmilieus und Akteurskonstellationen, wie wir schon in unserer Heidelberg-Studie von 2009 gezeigt haben, deutlich unterscheidbare Ansprüche an die Stadt selbst und den umgebenden Stadtraum. Das schließt zunehmend differente Erlebnisqualitäten und Urbanitätsofferten ⬆ ein.

Beispielhaft auch für andere Universitätsstädte sieht sich die Heidelberger IBA, die das »Ganze der Stadt« im Blick hält, so besonders herausgefordert.

Inzwischen sind es insbesondere die großen nach Abzug des US-amerikanischen Militärs freien Konversionsflächen, die neue wissensbasierte und *smarte* Teil-Stadt-Typologien und kreative Nutzungsformen nahelegen, auf der immer wichtiger werdenden Spur *from Lab to Market*. Aktuell kündigen sich also spannende und für die Gesamtstadt entscheidende Schwerpunktarrondierungen an. Wichtig erscheint, dass diese *smarten* Neubespielungen der Konversionsflächen, etwa im Patrick-Henry-Village, die stadtmorphologisch kostbare sequentielle Entwicklungslogik dieser europäischen Wissens- und Universitätsstadt gestaltrichtig ,mitnehmen' und weiter profilieren.

Wissen

Ganz knapp nur und eher definitorisch zu diesem hyperkomplexen, hochreflexiven Gegenstand selbst: Wissen in seiner weiteren, nicht nur kognitiven Bedeutung bezeichnet allgemein ein gesellschaftliches Können, das in der Fähigkeit zu handeln kulminiert. Die amerikanischen Pragmatisten – Charles Sanders Pearce, John Dewey, George Herbert Mead – haben Wissen kurz und knackig sowie anschlussfähig so definiert: Wissen sei eine *capacity to act*, also die Fähigkeit zu handeln. Das schließt geistige, kognitive Akte, Sprechakte, Intentionen und Handlungsplanungen ein. Zum Kompetenzprofil wie zur zentralen Funktion von Wissen gehört es dabei zunehmend, die exponentiell wachsende Fülle von Daten und Informationen zu ordnen und zu strukturieren, sie in überschaubare Kontexte einzugliedern und irrelevante Informationen auszuscheiden. Auch auf diese Weise werden Akteure über relevantes Wissen handlungsfähig, steigert sich also deren *capacity to act*.

Wissen in seinen unterschiedlichen Formen ist zugleich immer mit dem Prozess der Herstellung von Sinnbezügen – *sense making* – verbunden. Es hat auf diese Weise mit Erfahrung und Urteil (Husserl), mit Intuition und Werten zu tun, mit Vergleichen, Konsequenzen, dialogischen und reflexiven Praktiken. Wissen ist insofern auch stets mit Lernprozessen verschränkt. Als chronisch fallibles, also von Nicht-Wissen herausgefordertes Wissen regt es systematisch weitere Lernprozesse an. Zudem: Reger Gebrauch von Wissen nutzt dieses nicht etwa ab, sondern regt es an und erweitert es.

Für die Gegenwart der posttraditionalen Wissensgesellschaft typisch ist daneben eine extreme Pluralisierung der Orte, Institutionen und Medien der Wissensproduktion, des Wissenstransfers wie der Wissensabsorption. Die spezifischen Clusterungen dieser Kompetenzen in den Städten steigern zugleich die Profilierung von Städten, ihre Unterschiedlichkeit und Identität. Das Profil ihrer Kompetenzlandschaften sowie die urbane Grammatik dieser Orte der Wissensproduktion macht Städte also zunehmend zu besonderen Orten. Und das, obwohl zugleich die internationalen und globalen Kooperationsbeziehungen sowie massiv eskalierende Konkurrenzdynamiken stark zunehmen.

Mischungstypen von Stadt und Universität

Welt- wie europaweit werden eine ganze Reihe von typischen Kopplungsformen zwischen Wissen und Stadt realisiert und erprobt: Wissensstadt, *Knowledge City*, *Knowledge Hot Spots*, Traditionsuniversitäten in Metropolen oder Mittelstädten, Anker-Hochschulen, junge Hochschulfabriken am Stadtrand und viele mehr. Am weitesten verbreitet ist das Modell Wissenschaftsstadt, *Science City*. In der internationalen Stadtforschung werden damit Teilräume einer Gesamtstadt bezeichnet, die eindeutig durch Netzwerke, Bauten und Infrastrukturen aus dem Bereich der Wissenschaft, von Forschung und Entwicklung sowie durch entsprechende Bildungs- und Lerninstitutionen geprägt sind. Hinzu treten immer stärker Wissenschaft-Wirtschaft-Kopplungen, *from Lab to Market*. Bis in die 1990er-Jahre häufig als Campus angelegt, kennzeichnen Wissenschaftsstädte zumeist fußläufige Nähebeziehungen zu komplementärem professionellem Wissen.

Immer deutlicher werden allerdings Urbanitätsdefizite diskutiert. Diese treffen auf gestiegene Lebensstilbedürfnisse unter Studierenden, Forschenden und Lehrenden, die heute international vergleichen können. Wenn gegenwärtig *Science Cities* neu geplant werden, versucht man daher von vornherein, die solitären Wissenschaftsbauten mit urbaneren Strukturen zu mischen. Zunehmend werden auch neue Arbeiten-Wohnen-Hybride erprobt und in die Zentren von Wissenschaftsstädten eingefügt. Darüber hinaus hofft man, dass derartige Teilstädte – wo sie denn gelingen – positiv auf die Gesamtstadt zurückstrahlen. Einige solcher positiven Effekte lassen sich immer noch beispielhaft an der seit Anfang der 1950er-Jahre kontinuierlich weiter profilierten Wissenschaftsstadt Otaniemi bei Helsinki von Alvar Aalto und anderen studieren.

Wissenschaftsstadt-Entwicklungen müssen auch zunehmend mit neuen Disparitäten rechnen, die möglicherweise sogar systematisch mit der Agenda wissensbasierter Stadtentwicklung verkoppelt sind – etwa zwischen geclusterten Gewinnerräumen und neuen sowie alten Peripherieräumen. *Brain Drain*, also die Abwanderung von lokalen und regionalen Kompetenzen in dynamische Wachstumsräume hinein, ist häufig ein Treibsatz oder Verstärkungsmechanismus dafür. Diese inzwischen auch auf europäischer Ebene kartierbaren, neuen wissensgetriebenen Disparitäten erzeugen massive Kohäsionsprobleme innerhalb wie zwischen den einzelnen Städten und Regionen.

Neue Balancen zwischen innovationsgetriebener *Diversity* ↑ und sozialen Kohäsionsformen werden daher gerade auch in denjenigen Städten zwingend, die entschlossen einer wissensbasierten Agenda folgen. Hierin liegt der Hauptgrund, warum im Rahmen der Heidelberger IBA mit konkreten Projekten einer inklusiven, urbanen und sozialen Stadt des Wissens zugearbeitet wird.

Auf dieser Spur muss in Heidelberg auch neu überlegt werden, wie weitere Kompetenzformen stärker in die Disparitäten abbauende Profilbildung städtischer Kenntnisformen integriert werden können: etwa das Wissen von Kreativen und Designern, von Handwerkern und Kunsthandwerkern. Aber auch das Wissen der Bodentruppen der Globalisierung, also von Krankenschwestern, Polizisten, Taxi-Fahrern, gewinnt auf neue Weise für eine wissens-

> Mit fast 4.000 Studierenden ist die medizinische Fakultät mit Abstand die studentenstärkste.

basierte Stadtentwicklung an Relevanz. Hinzu treten immer deutlicher Ansätze, die eine *Citizen Science*, also das Wissen der Stadtbürger neugierig auch für die disziplinär geordneten Kernwissenschaften mit in den Blick nehmen.

Die soziale »Knowledge Pearl« Heidelberg – Mischungen, Optionen, Gunstlagen, Herausforderungen

Heidelberg ist geprägt durch eine hoch individualisierte Mischung aus schöner landschaftlicher Lagegunst und faszinierender Wissenslandschaft, durch Toleranz und Eigensinn, durch weltoffene Neugierde und die hartnäckige Verteidigung überkommener Werte, durch Fußläufigkeit und weltweite Wissensnetzwerke, durch wissenschaftliche Exzellenz und atemberaubende Traditionsnischen – und nicht zuletzt durch den schönen Charme einer alten, unzerstörten europäischen Universitätsstadt. Glückliche Fügungen und Traditionsabrisse, schründige, braune Zwischenepochen und intensive Vergangenheitsbewältigungen inklusive. »Heidelberger Mischung« eben oder auch: prosperierendes Welt-Dorf in einer dynamisch sich entfaltenden Metropolregion. Das alles gehört zum Kern des »Mythos Heidelberg«, mit Attraktionseffekten bei blutjungen Wissensnomaden wie betagteren amerikanischen oder japanischen Touristenrudeln gleichermaßen.

Bei Heidelbergern selbst ist inzwischen häufig ein leichter bis mittelschwerer Überdruss erkennbar, etwa über die Degradierung der Altstadt zur langen Wochenend-Bar für das stark alkoholisierte »Abhängen« junger Menschen oder über nicht mehr eingelöste Urbanitätsbedürfnisse, die eher in Mannheim und Frankfurt oder gleich in London und Paris ausgelebt werden müssen. In einigen weltweit mobilen Wissenschaftsmilieus verbreitet sich auch schon mal die Rede von Heidelberg als »Kaff« – so benannt in einem unserer Stadtforschungs-Interviews. Manchmal und an einigen Stadtecken scheint der weite städtische Spannungsbogen der Heidelberger Mischung also in Gefahr, seine Form und Gestalt zu verlieren. Zu den wichtigen Aufgaben der IBA gehört es damit auch, den Spannungsbogen dieser Wissensperle über entsprechende IBA-Projekte gerade auch in der Altstadt wieder deutlicher zu profilieren.

Eine weitere Herausforderung tritt hinzu: Die Urbanitätsbedürfnisse von Natur-, Lebens-, Sozial- und Geisteswissenschaftlern sowie Medizinern differieren deutlich. Eine

Installation am Universitätsplatz zur 625-Jahr-Feier der Universität Heidelberg. inzwischen steht die Installation im Neuenheimer Feld vor den Physikalischen Instituten der Universität Heidelberg.
Architekten: Harter + Kanzler, Freiburg / Haslach; Broghammer Jana Wohlleber, Zimmern ob Rottweil

neue Generation von Wissenschaftsbauten, teilweise durchaus mit WOW-Architektur-Komponenten wie bei dem Doppel-Helix-Bau des EMBL (Bild Seite 27), trägt zwar inzwischen unzweifelhaft zur weiter wachsenden internationalen Sichtbarkeit der Wissensperle Heidelberg bei. Allerdings steigen gleichzeitig auch die Urbanitäts- und Hedonismus-Bedürfnisse der Wissensarbeiter an die Stadt und den städtischen Raum, und das – wie angedeutet – wissensmilieuspezifisch.

Gerade im Forschungs- und Wissenschaftsbereich dieser kleinen Großstadt bleibt dabei die fußläufige Nähe zu anderem relevanten Wissen von überragender Bedeutung. Insbesondere an den *Cutting Edge* ↑ -Fronten der Forschung, also dort, wo Neues als Neues das Erkenntnisziel ist, kommt vieles weiterhin auf personengebundenes Wissen an, also auf Wissen, das noch nicht als kodifiziertes Wissen im Netz steht. Das exzellente, Überraschungen stimulierende Wissensklima der einzelnen Universitätsstandorte regt zu interdisziplinären Kooperationsformen quer zur Furche an. Damit eröffnet sich die Chance, von Angesicht zu Angesicht einfallsreiche Zuwegungen für Problemlösungen im aktuellen Forschungsprozess zu erproben. Das schließt noch unübliche Wissens- und Kompetenzkonstellationen und differenziertere, auch überraschendere Forschungskooperationen ein – natürlich mit dem Risiko des Scheiterns. Unterstrichen wird damit nochmals die überragende Bedeutung von fußläufiger Nähe zu Personen-gebundenem, heterogenem Wissen, eine der wesentlichen Stärken der Heidelberger Wissenslandschaft. Jetzt müssen Brückenfunktionen zwischen den einzelnen Teilen der Heidelberger Wissenslandschaft weiter gestärkt werden.

Heidelbergs wissensgeprägte Stadtteile diversifizieren sich weiter. Das gilt für die Altstadt, Bergheim und das Neuenheimer Feld, jetzt auch für die Bahnstadt und die Konversionsflächen. Damit stellen sich je spezielle Herausforderungen an deren weitere Entwicklung. Denn Profilschärfung, Arrondierung und Komplementarisierung der Standorte untereinander sehen in der Altstadt völlig anders aus als etwa im Neuenheimer Feld. Gemeinsam sind sie einzubinden in die ganzheitliche Aufgabe einer gestaltrichtigen Profilierung der Gesamtstadt als *Knowledge Pearl* mit Lüsterqualität; nicht zuletzt, um in den global sich verschärfenden Konkurrenzkämpfen von Knowledge Cities weiter gut aufgestellt zu sein.

Über den Arkan-Bereich ↑ des wissenschaftlichen Wissens hinaus muss dazu das IBA-Motto »Wissen | schafft | Stadt« durch ein sehr viel weiter gefasstes *Knowledge Pearl*-Konzept zu einem inklusiven sozialen und vorbildlichen Stadtentwicklungsparadigma weiterentwickelt werden. Das schließt die Integration weiterer Wissens-, Kompetenz- und Lernformen ein. Gegen die manifesten Disparitäten-Gefahren in der Wissensgesellschaft und ihren Städten hat Heidelberg die große Chance, vorbildlich das inklusive Modell einer sozialen *Knowledge Pearl* weiterzuentwickeln. Lokale Kompetenzformen und eine differenzierte Kreativszene sowie die schnell sich vervielfältigenden Kernkompetenzen einer zunehmend heterogener zusammengesetzten Bürgerschaft – man denke an die Migrationsfolgen – können sich dabei fruchtbar aneinander reiben. Zusammen mit den exzellenten Forschungskulturen lassen sie sich bündeln zu dem zukunftsfähigen Programm einer wissensdurstigen sozialen *Knowledge Pearl*. Zu deren Grundmaximen gehören Toleranz und Neugierde. Die IBA wird damit zugleich zu einem Testgelände mit offenen Rändern in die Metropolregion Rhein-Neckar hinein.

Generationenspezifische Urbanitätsbedürfnisse

Um das zumindest schlaglichtartig anzustrahlen: Golo Mann, Jahrgang 1909, zur Frage, was Heidelberg für seine Generationenlagerung so attraktiv machte: »Die Stadt bietet alles, was ein Student meines Schlages von einer Stadt erwarten kann: Universität, Bibliothek, häufige und berühmte Gäste, gute Buchhandlungen, gesellige Zirkel.«[3]

Hart dagegengesetzt, achtzig Jahre später: Ein weltberühmter frisch berufener Heidelberger Lebenswissenschaftler wünscht sich als ideale Campus-Architektur hier im schönen Neckartal einen dreihundert Meter hohen Forschungstower, alle fünf Stockwerke mit tätiger Kantine beziehungsweise Café. Hier vor den rund um die Uhr blubbernden Kaffeeautomaten würden nach dem *Serendipity* ⇧ -Prinzip, also eher zufällig, Cracks von den jeweiligen *Cutting-Edge*-Fronten der disziplinären Forschung aus ganz unterschiedlichen Wissensdomänen aufeinanderstoßen. Und dann würden sie sich *Face-to-Face* und über dem gemeinsamen Kaffee einfallsreiche Zugangswege zu Problemlösungen, andere Wissens- und Kompetenzkonstellationen, differenziertere, überraschendere Forschungskooperationen auch schon mal quer zur Furche einfallen lassen. Das alles zweihundertfünfzig Meter über dem Heidelberger Schloss. Über das städtebauliche Menetekel kein Wort, kein Gedanke. Resümee dieser beiden Geschichten zu Ansprüchen an die Stadt bei unterschiedlichen Generationen: *One Size Fits All*, eine Urbanitätsofferte für alle also war vielleicht gestern, heute jedenfalls gar nicht.

3) zit. nach Markus Bitterolf u. a.: Intellektuelle in Heidelberg 1910-1933, Heidelberg 2014, Seite 85

Das längerfristige stadtkulturelle Commitment in eine wissensbasierte Zukunft hinein

Die stadtpolitische Entscheidung für eine soziale und urbane Wissensstadt kann keine Eintagsfliege sein. Auch die Rhythmik der kommunalen Wahltage greift hier viel zu kurz. Das folgt schon aus den längerfristigen Zeitlogiken einer exzellenten Wissenschaft.[4] Die *Knowledge Pearl*-Agenda setzt ein langfristiges *Commitment* ⇧ der Stadtgesellschaft und ihrer bürgerschaftlichen Akteure ⇧, Interessenvertreter und Institutionen voraus. Zwar macht die rasante Veränderungsdynamik in der posttraditionalen Wissensgesellschaft längerfristige Prognosen und Masterplanungen nicht selten illusorisch. Allerdings ist in der sozialen und urbanen Wissensstadt Heidelberg nicht zu sehen, welche alternativen Leitbilder es geben könnte, die zukunftsfähig und chancenreich sind. Fällt Heidelberg zurück auf ein global gehyptes Tourismus-Großdorf, wäre es verloren. Insofern muss die Stadt sich auf ihre alles andere überragende Stärke besinnen, die hier in den letzten Jahrhunderten kontinuierlich und fruchtbar kultiviert wurde: Wissen, Forschen, Lernen – und das alles nicht als *L'art pour l'art* oder als privater Bildungsgang, sondern als *Capacity to Act*, also als Fähigkeit, gemeinsam zu handeln.

Eine zielführende Entwicklungspolitik gerade in Wissenschafts- und Wissensstädten muss insofern notwendigerweise längerfristig angelegt sein. Kurzfristigere Nutzungsinteressen potenter Developer für Schlüssel-Areale – im Umkreis der Konversionsflächen-Entwicklungen mangelt es nicht an Interessenten – müssen also zu Gunsten der strategischen Stadtentwicklungsperspektive *Social Knowledge Pearl* entschlossen abgewehrt werden. Egal, wie pressierend oder lockend andere Interessenverbünde auftreten.

Weitere Herausforderungen liegen auf der Hand. Ich belasse es bei vieren:
- Extreme Flexibilität innerhalb der Wissenschaftsbauten wie in deren Umfeld wird zum Muss, weil zukünftige Nutzungen – bis hin zur Größe der Arbeitsgruppen – nicht prognostizierbar sind.
- Eine noch stärkere Einbindung der gestaltrichtig ⇧ weiter zu entwickelnden, dabei sich ohnehin diversifizierenden Stadtteile;

4) siehe oben, Seite 25

- die aktuell sich dramatisch beschleunigende Entwicklungsdynamik von Universität und Stadt infolge Konversion und Migration, die Stadtstrukturen und Stadtgesellschaft vor völlig neue Herausforderungen stellt;
- die Vision vernetzter Wissensorte und Brückenbildungen zwischen den sequentiell sich entwickelnden »heißen Punkten« der städtischen Kompetenz.[5]

Zugleich macht Michael Braum mit Recht darauf aufmerksam, dass die Heidelberger Stadt-IBA die erste Nachkriegs-IBA ist, die keine defizitorientierte Stadtreparatur betreibt, sondern zukünftige Szenarien entwickelt und diese auch kritisch gegenprüft. Das verdeutlicht auf andere Weise noch einmal die exemplarische Relevanz der Heidelberger IBA für stadtgesellschaftliche Entwicklungen weit über Heidelberg hinaus. Hier werden – früher als anderswo und ein Stück weit entlastet von den Engpässen krisenhaft sich entwickelnder Stadtgesellschaften – beispielgebende Lösungen für die künftige Stadt- und Stadtteilentwicklung erprobt. Insofern dient die IBA Heidelberg auch für andere Wissensstädte als »Reallabor« – wenngleich in der Stadtentwicklung natürlich keine Rede von einer kompletten Kontrolle der Kontextbedingungen dieses Laborversuches sein kann. Das macht die Sache aber nur noch spannender.

Von der Kraft, die in dem Perspektiv-Konzept urbaner Wissensperlen steckt

Die ersten zwei Jahre der Heidelberger IBA »Wissen | schafft | Stadt« haben gezeigt, welche Kraft und Zukunftsrelevanz in diesem Thema steckt. Ähnlich einem Reagenzglas laufen hier – schon heute und beschleunigt – Prozesse ab, die in anderen europäischen Städten sich erst zu entfalten beginnen. Die Kraft des Themas einer urbanen und sozialen *Knowledge Pearl*, ihre Zukunftsrelevanz und Beispielhaftigkeit gehen dabei Hand in Hand. Wissensbasierte urbane Transformationsdynamik ist in dieser Stadt beinahe mit Händen zu greifen. Darin zeigen sich Beobachtungs- und Erkenntnis-Vorteile kleiner Großstädte gegenüber globalen Wissensmetropolen. Das kommt einer strategisch aufgestellten, längerfristig denkenden Stadtpolitik zugute.

Auch die IBA selbst bleibt durch eine ganze Reihe von harten Nüssen gefordert. Man kann sogar davon sprechen, dass sie dadurch kreativ beatmet wird. Konflikte zwischen unterschiedlichen Institutionen, Interessen und Personen gehören gerade in Wissensstädten mit ihren symbiotischen Parallelwelten von Universität, Stadt und Stadtbürgerschaft beinahe selbstverständlich zum urbanen Spiel dazu. Vor allem, wenn Städte sich entschließen, wachsende Disparitäten nicht einfach laufen zu lassen, sondern soziale und inklusive Gegenstrategien zu entwickeln. Eine große Herausforderung bleibt dabei, wie und auf welchen Wegen die Dominanz wissenschaftlichen Wissens und wissenschaftlicher Expertise – inklusive der bekannten Springprozession von Expertise und Gegenexpertise – erweitert und mit mehr Bodenhaftung versehen werden kann: etwa durch die Inklusion weiterer urbaner Kenntnis- und Kompetenzformen. Die internationale *Third Culture*-Bewegung, die Natur-, Lebens- und Geisteswissenschaften mit dem Wissen der Kreativen zusammenbringt, kann hier weitere Anregungen bieten. Und nicht zuletzt: Auch das Wissen der Migranten mit seinen erstaunlichen Absorptionsfähigkeiten, Syntheseleistungen und Übersetzungskapazitäten muss auf neue Weise in die Agenda einer wissensbasierten Stadtentwicklung integriert werden. Integration über Wissen und entsprechende Wissenstransfere kann hier also die Losung sein und zur Lösung neuer Inklusionsprobleme beitragen. Wie sich das in konkrete IBA-Projekte umsetzen und zur Profilierung dieser urbanen *Knowledge Pearl* weiter konkretisieren lässt, wird eine der spannenden Aufgaben der zweiten Etappe des IBA-Prozesses sein. Flankiert wird das schon jetzt durch sachhaltige Anregungen aus der Bürgergesellschaft, wie sich die Wissenschaften selber noch deutlicher ihren Standorten zuneigen könnten. So lassen sich die ansonsten drohenden Disparitäten-Gefahren einer reinen *Science City-Agenda* aufheben in einer inklusiven, neugierigen, wissenshungrigen und schönen *Knowledge Pearl*.

---

5) siehe Michael Braum und Undine Giseke: Die Leitthemen der IBA Heidelberg, Seite 8 in diesem Buch

◐ **Studierende in Heidelberg, Fakultäten zugeordnet:**

523	Theologie
2.849	Jura
3.964	Medizin Heidelberg
1.653	Medizin Mannheim
1.653	Philosophie
4.147	Neuphilologie
2.438	Wirtschafts- und Sozialwissenschaften
2.189	Verhaltens- und Empirische Kulturwissenschaft
1.531	Mathematik und Informatik
1.554	Chemie und Geowissenschaft
2.212	Physik und Astronomie
2.269	Biowissenschaften

Im Wohnhaus des Soziologen Max Weber (1864-1920) trafen sich 1903 bis 1918 zahlreiche Intellektuelle zu Gesprächszirkeln. Heute ist hier das Internationale Studienzentrum (ISZ) der Universität Heidelberg beheimatet.

Anmerkung | Wolfgang Bachmann

Erkenntnisse in der Ära des Postfaktischen

WISSEN UND GEWISSEN

»Wissen schafft Stadt« – was wollte man dagegen einwenden? Ein urbanes ⬆ Zuhause für die Wissensgesellschaft, eine Stadt, die sich über das Attribut Wissen ⬆ definiert und alle an seiner Vermittlung teilhaben lässt, das klingt gut. Wissen ist ein positiv besetzter Begriff. Ganz Paris träumt von der Liebe, ganz Heidelberg funkelt als Wissensperle. Na, bitte.

Aber was bedeutet Wissen, warum soll es eine Stadt erschaffen, sie prägen und wie der Heilige Geist zu Pfingsten alle Bewohner durchdringen? Wenn sich der Staat darum kümmert, das Wissen wie Mikroorganismen in der Petrischale kultiviert und sich um günstige Voraussetzungen zu seiner Vermehrung sorgt, geht es nicht darum, das Selbstwertgefühl oder die Lebensqualität der Wissenden zu erhöhen. Dass lauter »Käpsele«, wie der Schwabe sagt, den Stammtischdiskurs voranbringen, ist nicht das Ziel. Es geht darum, die Wirtschaftsleistung des Landes zu fördern, den Umsatz anzukurbeln. Wissen ist die Voraussetzung, damit auch in Zukunft die besten Herzschrittmacher und Dampfgarer, Thrombozytenaggregationshemmer und Panzerhaubitzen (sic!) aus Deutschland kommen und nicht aus China. Gesammeltes Wissen ist das immaterielle Bruttosozialprodukt einer Gesellschaft. Wissen ist Macht, sagt das Sprichwort.

Es wird gespeichert in den Köpfen und Rechnern der Wissenschaftler. Dort kann man es vernetzen, aber auch unerlaubt herunterladen. Das erledigen die Geheimdienste. Andererseits sind wir froh, wenn zum Beispiel herauskommt, wie die Industrie seit Jahren ihre technischen Kenntnisse dazu benutzt hat, Autoabgaswerte zu manipulieren. Das heißt, Wissen ist nicht von vornherein eine gute Gabe. Mit Wissen lassen sich Konten plündern, Flüsse vergiften, Städte zerstören, Völker ausrotten. Vor allem hat der Fortschritt der Informations- und Kommunikationstechnologie der Welt noch kein unendliches Glück beschert. Wer Kinder hat, weiß, wie schlau sie aus unverstandenem Wissen mit *copy and paste* ihre Schulaufsätze basteln. Und in den sozialen Netzwerken lassen die endlosen Kommentare zu politischen ⬆ Ereignissen daran zweifeln, ob die abrufbare Wissensaggregation schon Früchte getragen hat. Von wegen Schwarmintelligenz!

Eines blieb nämlich unverändert. Fremdes Wissen hilft gar nichts. Man muss selbst lesen, gegenlesen, Maßstäbe kennen, in Frage stellen, Folgen abschätzen. Wissen ist eine Voraussetzung für Handeln. Wenn es jedoch lediglich der eigenen Wohlfahrt und zur rücksichtslosen Selbstbehauptung dient, ist es nichts wert. ◼

Wolfgang Bachmann (*1951), Architekturstudium RWTH Aachen, ehemaliger Chefredakteur des Baumeister; seit 2014 freiberuflicher Journalist

Julian Nida-Rümelin

Die Stadt der Erkenntnis
Eine philosophische Annäherung

Ausgehend von Platons idealtypischer Vorstellung von Stadt lässt sich ein Bogen über die subjektivistische, ökonomisch dominierte Stadt der Gegenwart hin zu einer »Stadt der Erkenntnis« spannen. Wirken vertrauenswürdige Experten aus den Bereichen Wissen und Macht mit bürgerschaftlichem Engagement zusammen, ließen sich Erkenntnisprozesse auslösen, die eine demokratischen Gesellschaft festigen – eine für Heidelberg wegweisende Perspektive.

Die Stadt Platons – ein idealtypische Festlegung

Im zweiten Buch der »Politeia«, dem vielleicht bedeutendsten Werk der Philosophie überhaupt, schildert Platon die – idealtypische – Entwicklung der Stadt. Der wechselseitige Vorteil der Kooperation führe dazu – davon geht er zutreffend aus –, dass Menschen auf vergleichsweise engem Raum zusammenleben. Der Gütertausch wird dadurch vereinfacht und die Abhängigkeit von der reinen Subsistenzwirtschaft vermindert. Der Erfolg der Kooperation zum Zwecke der wechselseitigen Bedürfnisbefriedigung führt die Stadtentwicklung nach Platon allerdings auf einen gefährlichen Pfad. Das »immer mehr Wollen« wird zum alles andere dominierenden Handlungsmotiv. Die Stadt muss sich immer weiter ausdehnen, ihre Einflusssphären erweitern, die Wirtschaftsbeziehungen diversifizieren, andere Städte und Regionen mit militärischen Mitteln in Abhängigkeit zwingen, um die beständig steigenden Ansprüche ihrer Bürgerschaft zu befriedigen. Platon kritisiert die Maßlosigkeit einer solchen Stadt, die nie zufrieden ist.

Im Zentrum der politischen Philosophie Platons steht die Idee, dass man die Stadt als einen »großgeschriebenen« Menschen zu verstehen habe, dass die Tugenden, die die einzelne Person ausmachen, auch die Stadt als ganze bestimmen, dass die Teile der Stadt Teilen der Seele des Einzelmenschen entsprechen. Gerecht ist eine Stadt dann, wenn ihre Teile in einem harmonischen Verhältnis zueinander stehen. Gerecht ist die einzelne Person, wenn ihre Seelenteile in einem angemessenen Verhältnis zueinander stehen. Gerechtigkeit aber ist das Leitmotiv der »Politeia«: Gerechtigkeit der *psyche* wie der *polis*. Die Stadt der bloßen Bedürfnisbefriedigung soll durch eine Stadt der Erkenntnis ersetzt werden. Der Drang zu immer mehr Gütern mit dem fatalen Automatismus permanenten Wachstums soll durch eine Orientierung am Gleichgewicht ersetzt werden, das sich aber erst auf der Grundlage des Wissens und der Wissenschaft einstellt. Die auf Erkenntnis gegründete Stadt würde eine gerechte sein, meint Platon. Und darüber hinaus wäre sie eine Stadt im Gleichgewicht, die keine permanente Expansion benötigt, um zu gedeihen, die den fatalen Automatismus des Wachstums außer Kraft setzt.

Diesem Lob des Statischen, des zur Ruhe und zu sich selbst Gekommenen, der stabilen Harmonie, wohnt allerdings eine gefährliche Tendenz zur Abgeschlossenheit inne, die Karl Popper in einer wütenden Karikatur des platonischen Denkens als Feindschaft gegenüber der offenen Gesellschaft auf dem Höhepunkt des Kalten Krieges charakterisiert hat. Der Musenfreund Platon, selbst ein Schriftsteller von hohem Rang, immens gebildet, möchte seine Stadt der Erkenntnis vor dem unheilvollen Einfluss der Schattenkünste bewahren und schlägt zu diesem Zwecke vor, die Tragödiendichter aus der Stadt zu verbannen. Sie würden genau das Gegenteil zu erreichen suchen, das eine gute Stadt ausmache: Sie stacheln die Emotionen an, fördern Übertreibungen und Ängstlichkeit, verleiten zum Verlust der inneren Stabilität.

Aber im Zentrum der platonischen Stadt steht die Erkenntnis. Platon ist Intellektualist: Er meint, dass die richtige Einsicht auch die richtige Praxis nach sich ziehen würde und umgekehrt, dass unrichtige Praxis auf Irrtümern beruht. Es ist nicht die böse Menschennatur, gegen die die christliche Theologie, aber auch die neuzeitliche politische Philosophie ankämpft, sondern es ist das umfassende Vertrauen in die menschliche Einsichtsfähigkeit, die die wissenschaftliche Dynamik prägt. Wir wollen doch keine Wortstreit-Künstler sein, heißt es im Theaitetos-Dialog, wir wollen doch herausfinden, wie es sich tatsächlich verhält. Dazu brauchen wir Geduld, das Argument, den Raum der Reflexion. Die Praxis des Gebens und Nehmens steckt diesen Raum ab. Er ist eingebettet in die Alltagspraxis der Stadt und lässt alle partizipieren. Herkunft oder Geschlecht sind irrelevant. Allein die Fähigkeit, Gründe zu wägen, sich ein verlässliches Urteil zu bilden und auf dieser Basis zu handeln, macht den Bildungserfolg aus. Die Praxis der Stadt muss wissenschaftlich angeleitet sein, um gerechte Verhältnisse schaffen zu können.

Da der Weg zur Erkenntnis steil ist, der Weg zum Höhlenausgang beschwerlich und jenseits des Höhlenausgangs Verwirrung und Blendung drohen, können nicht alle diesen Weg gehen. Die Stadt, die allein auf philosophische und wissenschaftliche Erkenntnis gegründet ist, muss auf *sophrosyne*, auf Besonnenheit hoffen, weil nur wenige diesen Weg erfolgreich gehen können. Sie muss hoffen, dass die anderen sich auf die wissenschaftliche und philosophische Expertise verlassen, sich leiten lassen. Die Stadt der Erkenntnis kennt keine Herrschafts- und Gewaltordnung. Sie ist auf Einsicht gegründet, bei denen, die wissen, aber auch bei denen, denen es an Wissen mangelt. Auf die Einsicht, dass es am besten ist, sich denjenigen anzuvertrauen, deren wissenschaftlich fundierte Urteilskraft entwickelt ist. Damit gerät die Stadt der Erkenntnis in eine Sackgasse, in eine Aporie: Sie bezieht alle ein, bietet allen die gleichen Bildungsmöglichkeiten und vertraut am Ende doch auf eine Wissenschafts- und Bildungselite, die für alle bestimmen kann und soll, was das jeweils Richtige sei.

Die moderne Stadt – die Dominanz von Subjektivismus und Ökonomie

Die moderne Antwort auf die platonische Stadt der Erkenntnis ist die radikale Subjektivierung: Jede einzelne Person weiß am besten, was für sie gut ist. Die Stadt, der Staat, legt bestimmte Regeln fest, innerhalb derer die Einzelnen ihr Leben nach eigenen Vorstellungen leben. Die Stadt ist wertneutral, und die moderne Demokratie meint, sie komme ohne Wahrheitsansprüche aus, scheint es nicht so, dass jeder Wahrheitsanspruch den Platonismus wieder heraufbeschwören würde und damit die demokratische Gleichheit nolens volens zu Grabe tragen müsste. Die neo-liberale oder besser marktradikale Konsequenz ist die Ausweitung des ökonomischen Marktes auf alle Sphären des städtischen Lebens. Wo der Markt regiert, gibt es nur die einzelnen Anbieter und Nachfrager, die wechselseitig keine anderen Erwartungen haben, als Güter zum je individuellen Vorteil zu tauschen. Die Stadt kann sich in der Illusion wiegen, sie sei wertneutral, es sei ausschließlich der Markt, der ihre Geschicke leite. Eine öffentliche Verwaltung, soweit sie überhaupt notwendig ist, solle sich als bloßer Dienstleister für Zwecke verstehen, die ihre Kunden bestimmen. Die Stadt kann auf jede Form empirischer oder normativer Erkenntnis verzichten.

In der postmodernen Variante ist es das Spiel kultureller Identitäten, für das sich ein Modus vivendi finden muss, der verhindert, dass die Vielfalt durch die Dominanz einzelner Kulturen und Lebensformen Schaden nimmt. Die Stadt verhält sich neutral gegenüber dieser Vielfalt und beschränkt sich als Schiedsrichter auf die Einhaltung der Spielregeln. Erkenntnis kann für die Entwicklung der Stadt schon deswegen keine Rolle spielen, weil diese mit Wahrheitsansprüchen verbunden wäre, die die Gleichheit aller Spieler beeinträchtigen könnte. Im marktliberalen Denken lösen sich alle Wahrheitsfragen in ökonomischen Interessen auf, im postmodernen Denken in kulturellen Kontexten. In merkwürdigem Kontrast zum modernen Subjektivismus stehen die Verfassungsordnungen demokratischer Staaten. In der Bundesrepublik ist dieser Kontrast besonders ausgeprägt, da der erste Artikel des Grundgesetzes mit dem Postulat anhebt »Die Würde des Menschen ist unantastbar«. In diesem Postulat ist die politische, rechtliche und moralische Reaktion auf zwölf Jahre NS-Terrorherrschaft in Europa zusammengefasst. Keine demokratische Mehrheit, auch keine verfassungsändernde Mehrheit, kann diese Norm außer Kraft setzen. Sie hat, wie Verfassungsjuristen es gerne nennen, eine »Ewigkeitsgarantie«. Wie in anderen westlichen Verfassungsordnungen auch, werden sodann (in insgesamt 19 Artikeln) individuelle Rechte, als Grundrechte umschrieben, die Menschen zukommen und die der Staat auch dann zu schützen hat, wenn dieser Schutz seinen Interessen zuwiderläuft. Nicht zufällig konvergieren die normativen Bestimmungen des Grundgesetzes von 1949 mit denen der *General Declaration of Human Rights* vom 10. Dezember 1948. Sowohl die *General Declaration* als auch das Grundgesetz atmen den Geist normativer Erkenntnis. Es handelt sich nicht um Setzungen, sondern um Einsichten.

Man kann die Demokratie als diejenige Staats- und Gesellschaftsform charakterisieren, die sich zum Ziel setzt, die Menschenrechte in Kooperation mit Wissenschaft, Wirtschaft, Gesellschaft und Kultur zu realisieren. Die Demokratie ist dabei auf die Kooperation der Bürgerschaft angewiesen. Für eine Demokratie ist eine aktive Zivilgesellschaft nicht wie für andere Staatsformen eine Bedrohung, sondern eine unabdingbare Notwendigkeit. Zugleich beruht sie auf empirischen wie normativen Erkenntnissen: Die Erkenntnis der gleichen individuellen menschlichen Würde, des gleichen Respekts, den jedes menschliche Individuum verdient, des Rechts auf Selbstbestimmung – individuell und kollektiv –, des Rechts auf Gleichbehandlung, des Rechts auf Meinungs- und Gewissensfreiheit. Einschränkung und Verpflichtung aller Staatsgewalt ergeben sich zwingend aus diesen Erkenntnissen. Wahrheit, empirische wie normative, hat offensichtlich einen zentralen Ort in der Demokratie. Eine Demokratie ohne Wahrheitsansprüche verkommt zum bloßen ökonomischen oder kulturellen Spiel und verliert ihre normative Substanz, wird am Ende leichtes Opfer ihrer Feinde.

Die Stadt ist nicht lediglich eine Bühne zur Inszenierung ökonomischer Interessen und kultureller Identitäten, sie ist der Ort der lebensweltlichen Kooperation auf der Grundlage geteilten Wissens, geteilter empirischer wie normativer Erkenntnis.

Kooperation und Erkenntnis

Zwischen platonischem Objektivismus und Absolutismus einerseits und modernem Subjektivismus und Ökonomismus andererseits, zwischen der platonischen Stadt der Erkenntnis und der marktliberalen oder postmodernen Stadt des bloßen Spiels und der bloßen Inszenierung gibt es ein drittes: eine Stadt der inklusiven, die gesamte Bürgerschaft einbeziehenden Praxis der Kooperation und der Erkenntnis, eine Stadt, die alle Ressourcen mobilisiert, um sich darüber klar zu werden, was für ihre Bürgerinnen und Bürger und die Lebensgemeinschaft, die sie formen, gut ist. Was für uns gut ist, ergibt sich nicht aus der bloßen Addition dessen, was für die je einzelne Person gut ist. Die normativen Kriterien der Nicht-Diskriminierung und der Inklusion ⇡, der Selbstbestimmung und der Solidarität, legen Strukturen, innerhalb derer das Gute für den Einzelnen sich erst bestimmen lässt. Sowohl Aristoteles, der rund vierzig Jahre jüngere, zweite große athenische Philosoph, wie auch John Rawls, der bedeutendste Gerechtigkeitstheoretiker des zwanzigsten Jahrhunderts, kommen in dieser Hinsicht zum gleichen Ergebnis: Erst in den Strukturen einer gerechten Stadt lässt sich das gute Leben für den Einzelnen bestimmen. Wenn das Gute für die Stadt klar ist, lässt sich leichter bestimmen, was für den Einzelnen gut ist, meint Aristoteles schon im ersten Abschnitt der Nikomachischen Ethik. Dieses Wechselverhältnis setzt einen beständigen öffentlichen Diskurs voraus. Dieser kann nur Erfolg haben, wenn er sich nicht auf die kleinen Zirkel der Experten beschränkt, aber er kann auch nicht Erfolg haben, wenn er die Expertise der Wissenschaft, der Technik, der Ökonomie, der Berufe, der Professionalität im weitesten Sinne außer Acht lässt.

John Dewey, der amerikanische Pragmatist, sah eine Parallele zwischen Wissenschaft, Erkenntnis und Bildung einerseits und Demokratie andererseits: Hier wie dort ging es um die Bestimmung des Fortschritts, des wissenschaftlichen beziehungsweise des sozialen. Was jeweils als Fortschritt zu gelten hat, kann nicht von außen gesetzt werden, sondern muss in einem anhaltenden Prozess der Deliberation ⇡ immer wieder neu bestimmt werden. Es gibt den endgültigen Durchbruch zur Wahrheit nicht, wie es das Höhlengleichnis Platons suggeriert, mit der Schau der Sonne am Ende eines mühsamen Aufstiegs und eines Austritts aus der Höhle. Vielmehr ergibt sich das, was gilt, was wir begründet haben, was wir für zutreffend halten können, aus unserer Praxis der Verständigung. Diese Sichtweise ist vereinbar mit empirischen wie normativen Wahrheitsansprüchen. Entgegen einer verfehlten Lesart des Pragmatismus löst sich Erkenntnis nicht in der Bestimmung des Zweckmäßigen auf. Was zweckmäßig ist, ergibt sich aus dem Guten für die Stadt, und dieses Gute muss in einer inklusiven Praxis des Austausches von Standpunkten und Sichtweisen, von Erfahrungen und Expertisen, immer wieder neu ausgehandelt werden.

In der modernen Stadt sind alle Bedingungen gegeben, um diese Praxis des Austausches und der kollektiven Meinungsbildung ihrer Bürgerschaft zu ermöglichen und damit die technokratischen Festlegungen des Zweckmäßigen durch eine Form kollektiver Selbstbestimmung zu ersetzen: Rousseaus Idee der Republik als sittliche Körperschaft lässt sich, wenn überhaupt, dann nur im kommunalen Rahmen realisieren. Dies erfordert die Bereitschaft der kommunalen Wissens- und Machtexperten, die Kontrolle über Prozesse und Ergebnisse wenigstens teilweise aus der Hand zu geben. Die entscheidende Voraussetzung ist jedoch eine Aktivierung der städtischen Bürgerschaft auch jenseits ihrer je lokalen Interessenlagen. Dies kann gelingen, wenn deutlich wird, dass das bürgerschaftliche Engagement in der Stadt Erkenntnisprozesse auslöst und auf dieser kognitiven Grundlage kollektive Meinungsbildung auch jenseits parteilicher Formationen ermöglicht. ◾

Exkurs | Arno Lederer

Zum fehlenden Verständnis für den öffentlichen Raum

WISSEN MACHT

»Er weiß zu viel«, tuschelte mein Nachbar im Hörsaal. Eine Anzahl großer Häuser hatte schon die Leinwand passiert. Eins ums andere mittelmäßig. Schloss man die Augen, sah man schöne und spannende Architektur. Hielt man sich die Ohren zu, packte einen das Grausen. Bild und Ton schienen vertauscht zu sein.

Wer viel weiß, kann erstaunlich dumm sein. Eine Stadt, die vom Wissen bestimmt ist, muss keine gute Stadt sein. Früher, wird behauptet, hätten die Menschen weniger gewusst. Ihre Städte jedoch waren oft sehr schön. So schön, dass wir heute keine Mühe scheuen, sie zu besuchen. Die Stadt war eine Bibliothek, die Häuser ihre Bücher. Viel Dichtung, Roman, Lyrik. Weniger Fachliteratur. Man konnte lange vor den Fassaden stehen. Im Fall von Schulen zum Beispiel schauten die Natursteinbüsten der abendländischen Geistesgrößen von Metopen und Giebelfeldern zu uns herunter. An anderen, selbst den anonymen konnte man alltägliche Szenen aus dem Leben in Form eines Reliefs oder sparsamer in gemalter Version betrachten. Ihre Architekten waren offensichtlich gebildet. Wie weit ihr Wissen reichte, ist uns zwar nicht bekannt, aber wir können davon ausgehen, dass sie in der Lage waren, ihr Wissen ⭡ in Bildung zu übersetzen.

Bildung baut auf Wissen. Wissen baut auf Information. Aber Bildung verlangt die Fähigkeit, Dinge in einen Sinnzusammenhang zu bringen. Dazu braucht es neben Wissen auch Gefühl, Phantasie und Vorstellungsvermögen. Eine gute Köchin bereitet ihre leckeren Speisen nicht ausschließlich nach dem Wissen über Ernährungswerte, sondern intuitiv mit ihrer Begabung, alles vorauszudenken, was Freude und Genuss betrifft. Selbstverständlich kennt sie die gesundheitlichen Vor- und Nachteile der einzelnen Zutaten. Oder ein anderes Beispiel: Wählt jemand seinen Lebenspartner aufgrund des Wissens um seine Blutwerte?

Erstaunlich ist doch, dass einem der glückliche Einfall bei der angestrengten Suche nach einer Lösung nicht am Arbeitsplatz kommt, sondern in einer räumlichen Situation,

Arno Lederer (*1947), seit 1979 selbstständiger Architekt, Büro Lederer Ragnarsdóttir Oei; em. Professor der Universität Stuttgart

NOCH KEINE STADT

die gerade nichts mit dem Problem zu tun hat, das uns gerade umtreibt. Niemand hat das treffender beschrieben als Kleist. Könnte es nicht sein, dass erst das »sich Entfernen« vom Ort, an dem Wissen generiert wird, also eine andere Umgebung die nötige produktive Ablenkung schenkt und dadurch der Blick auf das Ziel viel unbefangener und gelöster wird? Einfälle kommen uns doch oft an Orten, denen wir das gar nicht zutrauen: im Konzertsaal, im Taxi, auf dem Klo.

Die Architektur und der Städtebau der Moderne, die ihre Werke so gerne auf wissensbasierten Grundlagen zu entwickeln versuchten, sind nicht besser als die Beispiele, die zweitausend Jahre zuvor errichtet wurden. Anders sind sie allemal.

Aber es schadet sicher nicht, sich Gedanken über den Zusammenhang von Stadt und Wissen zu machen. Daran wird die Architektur nicht scheitern. Sie scheitert aus heutiger Sicht betrachtet an dem mangelnden Verständnis für den öffentlichen Raum, die Innenräume der Stadt, ihrer Zimmer und Flure. Sie scheitert, weil diesen, unseren gemeinsamen Räumen zu wenig Wert beigemessen wird. Sie scheitert auch, weil die Wände dieser Räume dem Kapital geopfert werden, der raschen ökonomischen Verwertung, die naturgemäß kein Interesse am Gemeinwesen haben kann. Selbst, wenn neu generiertes Wissen zu einer anderen, besseren Stadt führen könnte (was man sich ja nur wünschen kann), wird die mangelnde Bereitschaft dafür, auch öffentliche Gelder bereitzustellen, die eigentliche Hürde sein. Die Stadt scheitert aber auch, weil tausende von Spezialisten ihre Sicht der Dinge im Gesamtkomplex des gebauten Gemeinwesens berücksichtigt sehen wollen.

Die Stadt braucht mehr Köche und weniger Ernährungswissenschaftler. Sie leidet, wie vermutlich auch die Medizin, unter dem Mangel an Generalisten. Menschen, die die Fähigkeit haben, mit ihrem Halbwissen die Dinge bündeln zu können. Eben jene Fähigkeit, die Vitruv schon vor über zweitausend Jahren als die entscheidende Eigenschaft beschrieben hat, die den »guten Architekten« auszeichnet.

»Campus Viva Heidelberg«, Studentenwohnungen in der Bahnstadt. Architekten: GSP Architekten, München

Christa Reicher

Architektur für Bildung und Wissen
Von der Studierstube zum Bildungslab

Bildung und Wissen dominierten zwar auch in früheren Jahrhunderten die Entwicklungsdynamik von Erfindungen, Produktionen, sozioökonomischen Strukturen, Architektur und Stadt. Im 21. Jahrhundert beschleunigt die Konkurrenz in einem globalen Wettbewerb jedoch nahezu alle Bildungs- und Wissensbereiche, so dass Architektur- und Stadtkonzepte darauf abgestimmt werden müssen. Ob Kitas, Schul- oder Hochschulbauten: Sowohl ihre funktionalen Typologien als auch ihre Form und ihr Verhältnis zum öffentlichen Raum werden sich ändern.

Der US-amerikanische Architekt Louis Henry Sullivan (1859-1924), prominenter Vertreter der Chicagoer Schule, verhalf Ende des neunzehnten Jahrhunderts der Maxime »*Form follows Function*« dazu, sich zu einem der wichtigsten und folgenreichsten Grundprinzipien moderner Architektur zu entwickeln. Jeder, der heute noch im weitesten Sinne mit Gestaltung zu tun hat, kennt dieses Prinzip. Streng genommen stammt es gar nicht von Louis Sullivan selbst, aber er hat es mit seinem berühmt gewordenen Aufsatz über Hochhausarchitektur populär gemacht.[1] Er propagiert ein Prinzip des Entwerfens, bei dem die Form eines Objekts aus seiner Funktion beziehungsweise aus seinem Zweck entwickelt wird. Form und Funktion seien untrennbar miteinander verbunden, und aus dieser Verbundenheit von Form und Funktion entstünden Schönheit und ästhetische Wahrhaftigkeit eines Objekts – in diesem Fall eines Gebäudes. Später wurde sein Credo oft als scharfes Votum für einen Verzicht auf Ornamente in der Architektur missverstanden, aber sein eigentliches Anliegen war, zu zeigen, dass Formfindung und Formgebung – ob in der Natur oder der Architektur – stets das Ergebnis von Funktionen und Funktionsweisen sind. Im Sinne Sullivans liegt es demnach auf der Hand: Andere beziehungsweise neue Funktionen führen auch zu anderen, neuen Formen – zu neuen Formen von Architektur, von Stadt, womöglich sogar neuen Formen von Schönheit. Nicht weniger interessant ist der Umkehrschluss, den er im bereits erwähnten Aufsatz macht: »Where function does not change form does not change«.[2] Ändert sich also wirklich nichts, wenn Zweck und Funktion eines Gebäudes die gleichen bleiben?

Von der Industrie- zur Bildungsarchitektur

Der Wandel von der Industrie- zur Wissensgesellschaft ist ein zentraler Topos in vielen Debatten um die Zukunft der Stadt. Bildung und Wissen haben mittlerweile jene Funktion eingenommen, die im neunzehnten und weiten Teilen des zwanzigsten Jahrhunderts der Industrie zugesprochen worden war: Sie gelten als wesentliche Grundlagen ökonomischen und gesellschaftlichen Fortschritts und als Katalysatoren städtischer Entwicklungen. Jedoch: Genauso wenig wie die Stadt des Industriezeitalters allein aus Industrie, Industriegebieten und Industriearchitektur bestand, wird die Stadt der Wissensgesellschaft ausschließlich aus Bildung, Bildungsräumen und Bildungsarchitektur bestehen. Sie bleibt also zunächst eine gewöhnliche Stadt mit gewöhnlichen Gebäuden, Straßen, Plätzen, ähnlich wie auch die Stadt des frühen zwanzigsten Jahrhunderts eben kein industrieller Themenpark gewesen ist.
Die »bildende« Stadt wird aber in Teilen anders funktionieren als die industrielle Stadt, wenn etwa funktionsräumliche Trennungen nach Wohnen, Arbeiten, Erholen und anderem an Bedeutung verlieren. Auch ihre Architektur wird in Teilen anders aussehen, denn auch mit

---

[1] Louis Henry Sullivan: The Tall Office Building Artistically Considered. In: Lippincott's Magazine, März 1896. Für Sullivan selbst war »form (ever) follows function« ein allgemein gültiges ästhetisches Prinzip, dessen Grundlagen er bereits in Vitruvs De architectura zu erkennen glaubte. Auch diverse Schriften des amerikanischen Bildhauers Horatio Greenough zum Verhältnis von Form und Funktion (Form and Function: Remarks on Art), die einige Jahrzehnte vor Sullivans Aufsatz verfasst wurden, werden immer wieder als wichtige Quelle für Sullivans berühmt gewordenes Credo angeführt.

[2] Sullivan 1896, Seite 408

jedem technologischen Fortschritt verändern sich die Produktionsbedingungen von Architektur. Louis Sullivan und seine Zeitgenossen haben zum Beispiel von den neuen Möglichkeiten des Stahlskelettbaus profitiert; auch Vieles, was wir heute unter dem Begriff Industriearchitektur subsumieren, wäre in vorindustriellen Zeiten so nicht realisierbar gewesen. Heute sind es expressive Architekturplastiken wie zum Beispiel die der jüngst verstorbenen Zaha Hadid, die erst durch eine Reihe von technologischen Innovationen möglich wurden und dadurch auch Stadtbilder verändert haben. Zaha Hadids Wissenschaftszentrum in Wolfsburg steht nicht nur für die gewachsene Bedeutung von Wissenschaft in einer bis dato industriell geprägten Stadt, sondern symbolisiert geradezu idealtypisch das radikal erweiterte Spektrum in punkto Formfindung und Formgebung von Gebäuden. Neue Materialien und neue, computergestützte Produktionsverfahren – *Mass Customization* und ähnliches – erlauben die Massenproduktion von Einzelstücken und individualisierten Komponenten eben auch in der Architektur.

So wie die Industriearchitektur des neunzehnten und zwanzigsten Jahrhunderts als Zeugnis einer entwicklungsgeschichtlichen Epoche gilt, so kann auch die Bildungs- und Wissensarchitektur des einundzwanzigsten Jahrhunderts zu einem besonderen Merkmal ihrer Zeit werden, weil sich der gesellschaftliche Paradigmenwechsel in Raum und Architektur materialisiert. Das gilt für ihr Erscheinungsbild und ihre innere Organisation, aber auch für ihr Verhältnis zur umgebenden Stadt. Gleichwohl sollte man – das zeigt bereits der Blick auf den reichhaltigen Fundus an Industriearchitektur in den Städten – davon ausgehen, dass auch die Stadt der Wissensgesellschaft eine beträchtliche Vielfalt an Formen, Größen, Modellen und Generationen von Bildungsbauten und Wissensarchitektur hervorbringen wird.

Die innere Organisation von Bildungsbauten

Vielfalt und Diversität ⬆ sind zu gesellschaftspolitischen Schlüsselbegriffen der Gegenwart geworden. Bildungseinrichtungen sind davon in zweierlei Hinsicht besonders betroffen: Zum einen werden dort die Grundlagen für einen angemessenen Umgang mit der Pluralisierung von Lebensstilen und der Ausdifferenzierung gesellschaftlicher Milieus gelegt, und zum anderen sind Diversität und Heterogenität in vielen Kindertagesstätten, Schulen und Hochschulen längst der Regelfall. Für das Lernen in solch heterogenen Gruppen müssen nicht nur eine neue Lernkultur, sondern auch neue räumliche Organisationsformen entwickelt werden, weil bislang meist das Lernen im Gleichschritt und das Lernen in homogenen Gruppen die Grundlage pädagogisch-räumlicher Modelle bildeten.

Hinzu kommt der Trend zum Ganztag, sowohl in vorschulischen wie schulischen Einrichtungen: Kinder verbringen heute deutlich mehr Zeit in Bildungseinrichtungen als noch vor dreißig Jahren. Die herkömmliche, nach Klassen- und Fachräumen gegliederte Schule im Halbtagsbetrieb ist daher aus vielerlei Gründen ein Auslaufmodell. An ihre Stelle treten multioptionale Raumgruppen und Lernlandschaften, die den Wechsel zwischen verschiedenen Lernformen und Lernarrangements ermöglichen, aber auch für Phasen des Nicht-Lernens und Erholens ausgelegt sind.

Diese Modelle unterscheiden sich jedoch deutlich von nutzungsneutralen Großraumlösungen, wie man sie etwa aus den 1960er- und 1970er-Jahren kennt. Stellvertretend für diese Generation von baulicher und gestalterischer Lösung seien die frühen Schulbauten von Günter Behnisch genannt, die auf technischer Innovation und neuen Baukastensystemen basieren.

Neue Lernkulturen in Schulen – das gilt in ähnlicher Weise auch für Hochschulen – benötigen neben viel Flexibilität auch vielseitige Raumqualitäten, die ein enges räumliches und zeitliches Nebeneinander von Konzentration und Kommunikation, Einzel- und Gruppenarbeit, Recherche und Präsentation, Arbeiten und Nicht-Arbeiten unterstützen. Es mag auf den ersten Blick plakativ oder banal klingen, aber Bildungsorte sind – mehr als jemals zuvor – Lern-, Arbeits- und Lebensorte.

Bildungsbauten und ihr Verhältnis zur Stadt

Zeitgemäße Bildungsarchitektur ändert sich nicht allein in ihrer inneren Organisation und Gestaltung, sondern genauso in ihrem Verhältnis zum Außenraum. Verschiedene Bildungs- und Kultureinrichtungen vernetzen sich zu Bildungslandschaften innerhalb eines Stadtviertels, die Stadt selbst wird mehr und mehr zu einem Lernort, und auch die Übergänge zwischen Bildungsstandort und angrenzenden Stadtraum werden mit größerer Sorgfalt betrachtet, weil Bildungseinrichtungen generell stärker in ihre Umgebung hineinwirken sollen. Ob Schulen, Bildungszentren oder Hochschuleinrichtungen – sie dienen im Rahmen von Stadtumbau und Stadterneuerung immer häufiger als Motoren künftiger Quartiersentwicklung und erhöhen die Attraktivität der gesamten Stadt. Auch ehemals monofunktionale Hochschulstandorte erweitern ihr Nutzungsspektrum und werden zusehends »urbaner«. An innerstädtischen Standorten ist das um einiges einfacher, denn sie waren auch zu Zeiten, als die Institutionen selbst noch als elitäre Elfenbeintürme galten, bereits gut in das räumlich-funktionale Gefüge der Stadt integriert. Anders ist es an peripher gelegenen Campusarealen aus den 1960er- und 1970er-Jahren, die meist in der Phase der Bildungsexpansion und vieler Hochschul-Neugründungen entstanden sind. Die lang favorisierte Kombination mit Technologie- und Gründerzentren hat das Spektrum solcher Bildungsstandorte am Stadtrand zwar erweitert, von tatsächlich urbanen Qualitäten sind viele der so genannten grünen Campusareale aber noch weit entfernt. Aktuelle Neugründungen oder Campuserweiterungen operieren fast immer mit dem Leitbegriff der *Science City*: Das Ziel ist die Schaffung von integrierten Stadtbausteinen, die sich nicht nur gut in die umgebende Stadtstruktur einbinden lassen, sondern in puncto Nutzungsvielfalt und Gestaltung bereits selbst urbane ↑ Qualitäten aufweisen. Gelingt dies, dann können solche Stadtviertel zu prägenden Vorbildern eines Städtebaus in der Wissensgesellschaft werden.

Gregor-Mendel-Realschule in Kirchheim. Architekten: Michael Weindel & Junior, Waldbronn

Heidelberg – zwischen Tradition und Experiment

Heidelberg hat als Bildungs- und Universitätsstadt eine sehr lange Geschichte und verfügt daher über ein reichhaltiges Repertoire an entsprechenden Orten und Einrichtungen. Diese unterschiedlichen Orte für Bildung und Wissen – von der Kindertagesstätte über das Schulzentrum bis hin zum Hochschulgebäude – sind keine isolierten Inseln im Stadtgefüge, sondern sie können wichtige Beiträge zum räumlichen und gesellschaftlichen Zusammenhalt der gesamten Stadt und ihrer Nachbarschaften leisten. Dazu muss sich die Stadtgesellschaft der Tradition Heidelbergs als Stadt der Wissenschaft bewusst sein, aber auch den Mut aufbringen, neue experimentelle Wege zur zeitgemäßen Verknüpfung von Wissen ↑ und Stadt zu gehen.

Der Campus Zollhofgarten in der Bahnstadt zeigt zum Beispiel, wie ein derartiger Anspruch einzulösen ist und verschiedene Funktionen – Wissenschaft und Wohnen, Bildung und Freizeit – so ineinander verwoben werden können, dass städtische Atmosphären entstehen. Zentrales Bindeglied ist einmal mehr der öffentliche Raum. Aber auch Kombinationen aus Alt- und Neubauten sowie die historischen Güterhallen mit ihren kulturellen, sozialen und gastronomischen Nutzungen leisten wichtige Beiträge zur Attraktivität des Viertels.

Gustav-Heinemann-Gesamtschule in Essen-Schonnebeck, oben: Perspektive, unten: Lageplan des Projektes. SEHW Architekten aus Berlin gewannen den 1. Preis. Der Entwurf sieht vor, das Gebäudevolumen in differenzierte Baukörper aufzulösen.

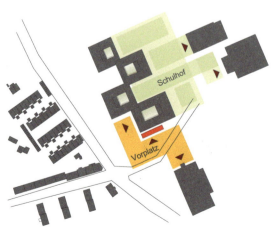

Städtebauliche Einordnung

Neue räumlich-funktionale Allianzen wie das »B³« als Bildungs-, Betreuungs- und Bürgerhaus sind gerade im Entstehen, aber dieses Projekt zeigt bereits in seiner Konzeption, welcher gesellschaftliche Mehrwert aus der klugen Kombination unterschiedlicher Funktionen erwachsen kann. Auch der Stadtteil Bergheim mit seiner bereits hohen Dichte an Bildungseinrichtungen hat beste Voraussetzungen, Bildung und Wissen zum Motor der weiteren Entwicklung werden zu lassen. Ein besonderes Augenmerk sollte darauf gelegt werden, die Bildungseinrichtungen im Stadtbild stärker sichtbar zu machen und mit qualitätvoll gestalteten öffentlichen Räumen zu verbinden. Und nicht zuletzt sind es die verschiedenen Hochschulstandorte von der Altstadt über das Neuenheimer Feld bis beispielsweise zum SRH-Campus in Wieblingen (siehe Bild Seite 4), an denen die Grenzen zwischen den Systemen Wissenschaft und Stadt noch durchlässiger werden müssen – dies ist letztlich der entscheidende Unterschied zwischen »Wissenschaftsstadt« oder nur »Wissenschaftsstandort«.

Ausblick

Die Stadt der Wissensgesellschaft wird eine andere sein als die Stadt der Industriegesellschaft. Womöglich gilt das weniger für Form und Ästhetik, sondern mehr für die Art und Weise, wie sie genutzt und weitergebaut wird, wie Bildung und Wissen die Kapillaren der bestehenden Stadt durchdringen und wie sich vormals monofunktionale Bildungs- beziehungsweise Ausbildungsstätten in gemischt genutzte Stadträume verwandeln.

Dennoch wird an vielen Stellen neue und zugleich neuartige Wissensarchitektur entstehen, weil sich die Formen des Lernens verändert haben und die Anforderungen an Bildungsbauten vielfältiger geworden sind. Der geplante Neubau für die Gustav-Heinemann-Gesamtschule in Essen ist ein Beispiel dieser neuen Generation von Wissens- und Bildungsarchitektur, bei der schon im Vorfeld zur Wettbewerbsauslobung in einem intensiven Dialog zwischen Schulleitung, Stadt und Bildungsexperten der räumliche und inhaltliche Rahmen für die Umsetzung eines innovativen pädagogischen Konzeptes und die gemeinsamen Schnittstellen zwischen Schule und Stadtteil definiert wurden.

Neue Funktionen führen zu neuen Formen: *»Form follows Function«* bleibt also weiterhin gültig. Allerdings könnten diese neuen Formen und die neuen Funktionen weit weniger determinierend sein, als sich das Louis Sullivan Ende des neunzehnten Jahrhunderts, in der Blütezeit des Industriezeitalters, ausmalen konnte. Dafür sind heute die Bauaufgaben zu individuell, die funktionalen Anforderungen zu breit gefächert und die technischen Möglichkeiten in der Architektur zu groß. Der künftige Fundus an Wissensarchitektur wird daher so sein wie die Wissensgesellschaft selbst: heterogen, vielfältig und reichhaltig. ◣

Literatur
Kees Christiaanse und Kerstin Hoeger (Hrsg.): Campus and the City. Urban Design for the Knowledge Society. Zürich 2007
Thomas Coelen u. a. (Hrsg.): Stadtbaustein Bildung. Wiesbaden 2015
Montag Stiftung Jugend und Gesellschaft und Montag Stiftung Urbane Räume (Hrsg.): Handbuch Schulen Planen und Bauen. Grundlagen und Prozesse. Berlin 2012
Christa Reicher: Ästhetische Herausforderungen des urbanen Zeitalters. In: Neue Zürcher Zeitung, 17. November 2012
Louis Henry Sullivan: The Tall Office Building Artistically Considered. In: Lippincott's Magazine, März 1896, Seite 403 - 409

Leitthemen

Nach zwei interessierenden, städtischen Themen befragt, landen bei den Heidelbergern Kulturangebote mit 47% auf Platz 1, dicht gefolgt von Bildung / Kinderbetreuung (43%), Stadtentwicklung (41%) und Freizeitangeboten (40%). Kommunalpolitik liegt mit nur 14% auf Platz 5.

Willem van Winden

Die Politur der »Wissensperlen«
Was sie rundum glänzen lässt

Knowledge Pearls sind von großen, alten Großstädten mit Universitäten zu unterscheiden. Angesichts globaler Wissenschaftsentwicklung, die immer mehr an die Interessen der Wirtschaft gekoppelt ist, müssen sich »Knowledge Pearls« wie Leiden und Delft, Oxford und Cambridge und eben Heidelberg schnell und klug geplant weiterentwickeln. Dabei darf nicht vernachlässigt werden, dass keine Gesellschaft nur aus Studenten und Expats besteht.

Wissen als Grundlage einer wirtschaftlichen Überlebensperspektive

In unserer vom Wissen ⬆ bestimmten Gesellschaft hängt der Wohlstand mehr von Kenntnissen und Innovationen als von natürlichen Ressourcen oder einem günstigen geografischen Standpunkt ab. Wissensgestützte Gesellschaften organisieren, erneuern und rekombinieren effektvoll die Ressourcen des Wissens. Netzwerke von Firmen, Forschungsinstituten und Unternehmern setzen vorhandenes und neues Wissen in innovative Produkte, Dienstleistungen oder Konzepte um, die sie auf dem Markt verkaufen. Die schnelle technologische Entwicklung veranlasst Unternehmen dazu, sehr viel in Wissen und Lernen zu investieren. Die wirtschaftliche Dynamik wird darüber hinaus von Start-up-Firmen der IT-Branche angetrieben, die praktisch alle Wirtschaftsbereiche mit durchschlagender Wirkung auf die etablierten Unternehmen und die Arbeitsmärkte aufmischen. Die Industrie stellt immer noch klassische »Produkte« her, aber ihr Wert liegt auch in Technologie, Design, symbolischen Bedeutungen und zusätzlichen Dienstleistungen, die wiederum intelligentes organisatorisches, logistisches und finanzielles Know-how voraussetzen. Wissensgestützte Produktion beruht auf der Kompetenz bestens ausgebildeter Personen aus verschiedenen Branchen und Disziplinen, die in lokalen und globalen Netzwerken von zusammenarbeitenden Institutionen mit jeweils unterschiedlicher Spezialisierung organisiert sind.

Universitäten spielen eine entscheidende Rolle in der Wissenschaftsgesellschaft. Sie sind »Erzeuger« neuer Kenntnisse und bereiten einen immer größeren Anteil der jungen Generation auf eine wissensintensive Karriere vor, in deren Verlauf das Lernen niemals aufhört. Maschinen, Roboter und Algorithmen ersetzen zunehmend alle Bereiche der Routinearbeit. Mit guten Gründen dürfen wir annehmen, dass sich – sofern die Regierungen nicht eingreifen – die wirtschaftliche und gesellschaftliche Kluft weltweit vergrößern wird, wenn die Gehälter für hochqualifizierte Personen steigen, während die Arbeit der weniger gut ausgebildeten Mitarbeiter an Wert verliert.

Das Stadtteilentwicklungskonzept der Universität Cambridge in North West Cambridge: Der Masterplan der Architekten AECOM entstand in Kooperation von Stadt und Umlandgemeinden mit dem Ziel, den Wohnraumbedarf der Bediensteten aller Gehaltsgruppen zu decken.

Die Wissensgesellschaft lebt urban

Die Wissensgesellschaft ist räumlich nicht unabhängig. Ihre Standorte sind ausgesprochen urban ⬆ und geprägt von einem Prozess selektiver Reurbanisierung, im Verlauf dessen einige Städte – wie wir an anderer Stelle diskutieren werden – ein beachtliches dynamisches Wachstum erleben, während andere noch darum kämpfen – meist diejenigen, die traditionell von der Massenproduktion geprägt sind, aber im Wissenssektor schwächeln.

Städte wetteifern miteinander um Wissensressourcen, zum Beispiel um Investitionen für Forschung und Entwicklung, um Hochtechnologiefirmen und um hochqualifizierte Personen. Wichtige Faktoren für die Anziehungskraft von Städten sind anspruchsvolle Arbeitsplätze in Firmen und wissenschaftlichen Instituten, ein gemischtes städtisches Umfeld, eine gute Infrastruktur und internationale Verbindungen.

Matthäus 25, 29: Win Win und Spillover

Eine bedeutende Rolle spielt hierbei auch der »Matthäus-Effekt« ⬆: Erfolge rufen weitere Erfolge hervor, weil es dort große Wirtschaftsunternehmen und Wissens-*Spillover* ⬆ gibt. Erfolgreiche, wissensbestimmte Städte mit hochqualifizierten Bewohnern, Elite-Universitäten und wissensintensiven Unternehmen ziehen weitere derartige Ressourcen an und werden dadurch noch attraktiver. Qualifizierte Personen sind produktiver in einem Umfeld, in dem es viele von ihnen gibt und wo sie interagieren und voneinander lernen können. Außerdem entwickeln Städte mit gut ausgebildeter Bevölkerung im Allgemeinen bessere Infrastruktureinrichtungen, die diesen Gruppen zusagen. Ebenso funktionieren auch Forschungs- und Entwicklungsinstitute besser in einem lokalen Ökosystem, das reich und vielfältig ist.

Auch für das akademische Umfeld gilt der Matthäus-Effekt. Elite-Universitäten ziehen die besten Kräfte aus aller Welt an und profitieren erheblich von der starken, relativ jungen Internationalisierung der gesamten Hochschulbildung. Auch erhalten sie mehr externe Forschungsgelder (Drittmittel), weil »Exzellenz« überall von der Wissenschaftsförderung mehr und mehr belohnt wird. Forschungs- und entwicklungsintensive Unternehmen ziehen es vor, enger mit Elite-Universitäten zusammenzuarbeiten. Als Folge davon vergrößert sich die Kluft zwischen den Besten und dem »Rest«. Elite-Universitäten sind immer mehr zu Wirtschaftsmotoren ihres urbanen Umfelds geworden und haben eine wachsende Anzahl erfolgreicher, technischer Start-ups in den Bereichen IT, Biotechnologie, neue Materialien und mehr hervorgebracht sowie Hightech-Firmen angezogen, die ihren Standort in die Nähe dieser Institute verlegen, um die reichen Wissensquellen für sich zu erschließen und die besten Absolventen herauszupicken.

The Winners are ...

In unserem urbanen System erzeugt der doppelte Matthäus-Effekt – in der Stadt und im akademischen Bereich – zwei Typen von Gewinnern. Erstere sind die großen und vielschichtigen Metropolen. Hauptstädte wie London, Berlin oder Amsterdam und Großstädte wie München, Hamburg, Mailand und Barcelona sind zu Magneten für internationale Begabungen und Investoren geworden, weil sie alles bieten: gute Erreichbarkeit, Attraktivität, ein hohes Wissensniveau, eine Anhäufung von Talenten, das erregende Gefühl, groß, sexy, international und auf dem neuesten Stand wirtschaftlicher, kultureller und gesellschaftlicher Innovationen zu sein. Diese Städte stehen vor der Herausforderung, wie sie mit dem Wachstum umgehen sollen: wie die wachsenden Städte lebendig und nachhaltig bleiben, Verkehrsstaus verhindert, Wachstum durch höhere Dichte beherrscht und veraltete städtische Funktionen und Bezirke verändert werden können.

Für den zweiten Typ von Gewinnern habe ich den Begriff »Perlen des Wissens«, von *Knowledge Pearls* geprägt. Dies sind kleinere, in der Nähe einer größeren Metropole gelegene Städte mit einer Universität von Weltklasse, die das Zentrum eines starken Ökosystems des Wissens darstellt. Den »Perlen des Wissens« mangelt es an Größe und Umtriebigkeit der Großstadt, aber dank der Nähe und guter Verbindungen profitieren sie in beachtlichem Maße von den Vorzügen der benachbarten Großstadt (Vergnügungseinrichtungen, Institutionen, ein internationaler Flughafen, ein großer Arbeitsmarkt), ohne an den typischen Problemen der Großstadt (Verkehrsstaus, Luftverschmutzung, Kriminalität) zu leiden. In dieser Hinsicht unterscheiden sie sich von den »provinziellen« Universitätsstädten, denen ein derartiges urbanes Umfeld abgeht.

Beispiele für *Knowledge Pearls* sind Leuven (bei Brüssel), Leiden, Delft (beide in zentraler Lage in der holländischen Region Randstad), Oxford und Cambridge (nahe London) und natürlich auch Heidelberg. Alle haben sie renommierte Universitäten, welche die Geschichte der Städte, ihre Identität und ihr Image prägen. Diese Orte haben, gemessen am Bruttoinlandsprodukt pro Kopf, der Arbeitslosenzahl und dem Zuzug von Hochqualifizierten, eine überdurchschnittliche wirtschaftliche Entwicklung zu verzeichnen. In vielen Knowledge Pearls sind die Grundstückspreise auf Höhen geklettert, die denen der erfolgreichen Wissensmetropolen gleichen.

Risiken einseitigen Erfolgs: Segregationen

Knowledge Pearls sind zwar wirtschaftlich erfolgreich, aber sie stehen auch vor großen Herausforderungen. Erstens besteht die Gefahr, dass sie in Parallelgesellschaften auseinanderfallen und dadurch das städtische Leben – ein beliebter Vorzug solcher Orte – schwächen. In vielen Knowledge Pearls nimmt die schnell wachsende Gemeinde der hochqualifizierten ausländischen Studenten und *Expats* ⬥ kaum am alltäglichen sozialen, kulturellen und politischen Leben der gastgebenden Gesellschaft teil. Dies zeigt sich daran, dass ausländische

Studenten sich nicht den traditionellen studentischen Verbindungen anschließen, dass sie in extra dafür vorgesehenen Studentenheimen wohnen oder dass Kinder von *Expats* internationale Schulen besuchen. Eine weitere Kluft entsteht zwischen den akademischen Gemeinschaften und den eher lokal orientierten übrigen Teilen der städtischen Gesellschaft, zu denen auch eine wachsende Zahl schlecht ausgebildeter Migranten gehören. Diese Gruppe kann sich vom starken städtischen Image und den Investitionsstrategien abspalten, die eine für *Knowledge Pearls* so typische »Wissensstadt« oder »Wissenschaftsstadt« anstreben. Um einer in gegensätzlichen Richtungen verlaufenden Segregation entgegenzuwirken, muss für kreative städtische Schnittstellen oder Kreuzungspunkte gesorgt werden, an denen die unterschiedlichen Welten aufeinandertreffen. Es müssen offene Plattformen zur Verfügung stehen, auf denen die divergierenden Haltungen und die Identität der Stadt gemeinschaftlich diskutiert und verhandelt werden können. Die international orientierte Universität wiederum kann ihre lokale Bedeutung und ihr Umfeld vergrößern, indem sie sich den Bürgern öffnet und für sie engagiert, indem sie ihre Lehr- und Forschungsprogramme mit örtlichen Angelegenheiten verbindet. Wenn man die Stadt als experimentelles, lebendiges Laboratorium, als Lieferant von Forschungsprojekten, als Studienobjekt für Studenten betrachtet, sind neue institutionelle Einrichtungen mit örtlichen Vertretern gefragt.

Eine weitere Aufgabe stellt sich *Knowledge Pearls* darin, dass die Verbindung von Stadt und Campus neu durchdacht und umgeplant werden muss. Die zunehmende Ökonomisierung akademischen Wissens erzeugt intensivere Verbindungen zwischen Universität und Wirtschaft und führt zu neuen räumlichen Konfigurationen. Der Universitätscampus ist schon lange kein Elfenbeinturm mehr für Wissenschaftler – sofern er es überhaupt jemals war. Er hat sich zum Gründerzentrum von Start-ups und von Wissenschaftsparks für technische Unternehmen erweitert. Einige Universitäten entwickeln Strategien, um Hightech-Firmen auf ihren Campus zu locken und versuchen, deren geschäftliche Interessen mit denen der Forschungsgruppen und der akademischen Lehre zu vereinbaren. Zum Beispiel ist es der RWTH Aachen gelungen, über hundert Hightech-Firmen für ihren neuen Campus zu gewinnen, und sie bietet ihnen eine Vereinbarung zur Zusammenarbeit für Gastvorlesungen, für die Mitarbeit an gemeinsamen Forschungsprojekten und die Nutzung der Forschungseinrichtungen. Viele Universitätsgelände sind weniger monofunktional und urbaner geworden, indem man sie durch Einrichtungen wie Studenten- und Expatwohnungen, Einzelhandelsgeschäfte, Restaurants und Hotels erweiterte. Gleichzeitig steht der Campus in einem neuen Wettbewerb mit organisch gewachsenen und lebendigen Stadtbezirken – typischerweise umbenannt in »Innovationsbezirk« oder »Wissensquartier« –, die zunehmend für wissensbestimmte ökonomische Aktivitäten interessant werden. Überall haben Stadtpolitiker Wissens- und Innovationsaktivitäten als Katalysatoren für die Stadterneuerung entdeckt.

Politur
Perlen bedürfen einer ganz besonderen Reinigung, um ihren Glanz zu behalten, und das Gleiche gilt für *Knowledge Pearls*, die Perlen des Wissens. Ihre Entwicklung hängt stark von ihrem Kontext ab, aber in allen Fällen profitieren sie von einer engeren Bindung zwischen Universität und Stadt. Die üblichen jährlichen Treffen von Bürgermeister und Dekan sind nicht ausreichend. *Town and Gown* ↑ haben eine Menge gemeinsamer Interessen, aber es gibt auch Bereiche, in denen Konflikte lauern. Sie müssen Visionen und eine Verhandlungsbasis aufbauen, wo sie auf allen Ebenen ihre Abhängigkeiten diskutieren und eine gemeinsame Grundlage erkennen, aber auch mögliche Differenzen und Konkurrenzsituationen ausmachen können. ◢

Exkurs | Claus-Christian Wiegandt

Ausländer rein!
WARUM IST ES IM RHEINLAND

Wenn Gerard D. nach einem anstrengenden Tag endlich Feierabend hat, dann hat er in den vergangenen sechzehn Stunden in gleich drei Sprachen seinen Alltag bewältigt – zu rund einem Drittel in Französisch, zu einem Drittel in Englisch und zu einem Drittel in Deutsch. Gerard D. ist ein junger französischer Nachwuchswissenschaftler in Bonn, der seit zwei Jahren mit seiner Frau und seinen drei kleinen Kindern in der früheren Bundeshauptstadt lebt. Hier findet er optimale Arbeitsbedingungen in einem Exzellenzcluster und ist deshalb von Paris nach Bonn gewechselt. Im Laufe eines Tages spricht Gerard mit seiner Familie Französisch, in seinen Vorlesungen Englisch und im Alltag auf der Straße in Bonn Deutsch. Das Leben in den drei Sprachen macht ihm keine Probleme. Im Gegenteil: Er genießt die Internationalität der Stadt. Seine Frau hat allerdings Probleme, in Bonn in ihrem Job weiterzuarbeiten. Auch wenn dies unbefriedigend ist, spricht doch vieles in der augenblicklichen Lebensphase für die traditionelle Universitätsstadt am Rhein. Für die junge Familie ist Bonn viel übersichtlicher als Paris, gerade richtig, wie Gerard D. im Interview bestätigt.

Nicht alle Nachwuchswissenschaftler an der Universität Bonn sind allerdings so aufgeschlossen gegenüber der deutschen Sprache wie Gerard D. In einem Forschungsprojekt zur Integration von hochqualifizierten ausländischen Universitätsmitarbeitern an den drei Universitätsstandorten Aachen, Bonn und Köln, in denen wir fünfzehn biographische Interviews geführt haben, sind uns auch andere Wissenschaftler begegnet, die sich nicht so leicht auf die deutsche Sprache einlassen. Für Deepak S. aus Indien beispielsweise lohnt es nicht, die deutsche Sprache zu lernen. Ursprünglich wollte er nur wenige Jahre in Deutschland bleiben, um sich hier für den nächsten Karrieresprung zu qualifizieren. Die deutsche Sprache brauch er in Bonn nicht, weil er im Alltag auch gut mit Englisch zurechtkommt.

Die beiden Beispiele zeigen, dass die Bereitschaft, sich auf die Sprache des aufnehmenden Landes einzulassen, ein wichtiger Aspekt für das Einleben in die neue städtische Gesellschaft ist. In unserem Forschungsprojekt haben wir die Sprachkenntnisse nicht nur in einzelnen biographischen Interviews, sondern auch in einem standardisierten Frage-

SO SCHÖN?

bogen untersucht. Nach Auskunft der Personalabteilungen haben in Aachen rund 27 Prozent der Universitätsmitarbeiter einen ausländischen Pass, in Bonn 18 Prozent und in Köln sieben Prozent. An allen drei Standorten haben wir über 500 dieser Mitarbeiter in einem standardisierten Fragebogen nicht nur nach ihren Sprachkenntnissen, sondern auch nach der Zufriedenheit in den jeweiligen Städten sowie den Erfahrungen mit dem Einleben gefragt.

In unserer Befragung haben sich die ausländischen Wissenschaftler in sechs Aussagen zum Aspekt des »Wohlfühlens« in ihrer neuen Umgebung überwiegend positiv geäußert. Etwa 90 Prozent fühlen sich in den drei Universitätsstädten wohl, wenn auch viele der Meinung sind, nicht wie Einheimische angenommen zu werden. Doch je länger die Befragten in Deutschland beschäftigt und je besser ihre Sprachkenntnisse sind, desto weniger kümmert ihre Herkunft.

Neben der Sprache und den beruflichen Perspektiven ist die familiäre Situation entscheidend für das Einleben in die neue Stadtgesellschaft ↑. Die mitgereiste Familie sorgt hier eher für Kontakte im Wohnumfeld als die Beschäftigten selbst. Wenn Lebenspartner außerhalb der Universität in andere Lebensbereiche der neuen Stadtgesellschaft eingebunden werden, entwickeln sich neue Perspektiven und Bindungen. Vor allem Kinder helfen, sich auf die Nachbarschaft oder das schulische Umfeld in der neuen Stadt einzulassen.

Die Universitäten und die Städte reagieren auf diese Erfahrungen der hochqualifizierten ausländischen Beschäftigten. An allen drei Hochschulen wurden spezielle Einrichtungen zur Anwerbung und Betreuung ausländischer Wissenschaftler und Studenten eingerichtet. Unterstützung gibt es hier nicht nur bei den Einreiseformalitäten, sondern auch bei der Wohnungssuche oder der Vermittlung von Betreuungseinrichtungen oder Schulplätzen für Kinder. Alle drei Städte bemühen sich zudem um ein höheres Maß an Internationalität, um im Wettbewerb um die ausländischen Beschäftigten nicht nur an den Universitäten erfolgreich zu sein, sondern auch attraktiv für global agierende Unternehmen.

Claus-C. Wiegandt (*1958), seit 2004 Hochschullehrer am Geographischen Institut der Rheinischen Friedrich-Wilhelms-Universität Bonn; Schwerpunkte: Forschung und Lehre zu Stadtentwicklungs- und Wanderungsprozessen in Deutschland

Trialog_1
Wissenschaften

Heidelberg ist eine »Knowledge Pearl«, eine Wissenschaftsstadt, deren Zukunft nicht dem Zufall überlassen sein will. Willem van Windens Analysen zu Indikatoren und Typologien von Wissenschaftsstädten (siehe Seite 50) sind die Grundlagen des Gesprächs. Ernst Hubeli – Mitglied im Kuratorium der IBA Heidelberg – führte es mit Kai Vöckler, der als Urbanist an der HfG Offenbach tätig ist, und Ulrike Gerhard, die als Humangeographin an der Universität Heidelberg lehrt und forscht. Ernst Hubeli lenkte die Diskussion vom Allgemeinen ins Besondere, von Wissensorten zu Universitäten in all ihren Beziehungsgeflechten, in denen sich – auch dank weiterer Akteure – Gleichgewichte verschieben.

Wissenschaftsorte

Zunächst stellte Ernst Hubeli vier Typen von Wissenschaftsorten zur Diskussion: 1. alte, kleinere Städte wie Heidelberg, Graz oder Cambridge; 2. neue Formen wie Silicon Valley bei San Francisco, das auf die Gründung des Stanford Industrial Park 1952 zurückgeht; 3. kleine Kolonien wie das 1969 gegründete Sophia Antipolis bei Cannes, die sich im Umfeld der Industrie 4.0 weiterbildeten – und schließlich 4. sehr kleine Kolonien, wie sie in den Schweizer Alpen entstanden, ohne urbanen ⬆ Charakter aufweisen zu müssen. Fraglich sei, ob diese Typen nun tragfähig im 21. Jahrhundert sein werden und ob sie in Konkurrenz zueinander stehen. Ulrike Gerhard erkannte keine Konkurrenz, im Gegenteil: »Sie unterscheiden sich gerade in ihrer Urbanität voneinander. Und da stimme ich Willem van Winden zu, wo er von der Reurbanisation des Wissens spricht, von Wissens-*Clustern*, die in urbanem Umfeld entstehen, wo Stadtpolitik inzwischen Wissenspolitik geworden ist.« Silicon Valley, so Ernst Hubeli, sei alles andere als urban, und schaue man sich Apples, von Norman Foster gebauten »Circle« an, dann müsse man von einem »Horror-Typ« sprechen: von einer quasi hermetischen Stadt unter Totalkontrolle. Auch Google habe in München eine Art Stadt-in-der-Stadt gebaut.

Die Runde war sich einig: Einen einzigen Typus, der sich durchsetzen werde, gebe es nicht. Wenn sich eine Wissenschaftsstadt positionieren wolle – eben auch Heidelberg –, müsse auch Neues gewagt werden.

QR-Code zur Aufzeichnung des Gesprächs

Wissensmilieus

Kai Vöckler erinnerte an den Diskurs um die »kreative Stadt«: Seit den 1960er- und 70er-Jahren seien die Gründer-Campusse an den Stadträndern, nahe den Universitäten entstanden, gewisse urbane Defizite habe man in Kauf genommen, zumal die wissenschaftlich-technischen Milieus doch relativ anspruchslos seien. »Erst der amerikanische Ökonom Richard Florida hat Anfang des Jahrtausends klar gestellt: Wenn man die Kreativen haben möchte, müssen gewisse urbane Qualitäten genutzt werden können, Kommunikationsräume, Räume, die sich für soziale Interaktionen eignen – sonst ziehen die weiter.« Er habe den Eindruck, dass sich die Naturwissenschaften in Heidelberg gut »hinter der romantischen Kulisse der Stadt zu verbergen wissen – problematisch wird es aber, wenn die Kreativen ausbleiben und innovative Prozesse ins Stocken geraten. Ich plädiere dafür, dass sich eine Universität durchaus zur Gesellschaft öffnen muss, beitragen muss zur Stadtgesellschaft – aber es gibt Grenzen«.

Ernst Hubeli, Zürich | Architekt, Städtebauer | Mitglied im Kuratorium der IBA Heidelberg

Aus anderem Blickwinkel ergänzte Ulrike Gerhard: »Stadtgesellschaft und Wissensmilieu müssen nicht nur im Sinne von Stadtplanung und Bauten in Beziehung zueinander gesetzt werden. Darin tut man sich ja gerade in Heidelberg sehr schwer, wie Peter Meusburger auch immer wieder festgestellt hat. In Heidelberg geht da ja so gut wie nichts zusammen. Aber mit Events und Aktionen, wie zum Beispiel mit mobilen Lernorten wie den sieben Einkaufswagen, die durch Heidelberg gefahren sind, haben wir keine schlechten Erfahrungen gemacht.« Berücksichtigen müsse man die Wissensmilieus schon – heterogen wie sie nun einmal zwischen Medizin und Altertumswissenschaften seien: Ein hermetisches Wissensmilieu habe auch Heidelberg nicht.

Stadt und Architektur

Zurück auf den Schwerpunkt der IBA – also Architektur und Stadtentwicklung – gekommen, zog Ulrike Gerhard Vergleiche. Schließlich gehe es darum, wie sich das Verhältnis zwischen Stadt und Universität entwickele: Wie befruchten sie sich gegenseitig, wo bringt man sie zusammen, wo müssen sie getrennt bleiben? »Ich möchte keine Werbung für Lüneburg machen, aber dort strahlt neue Hochschularchitektur doch bemerkenswert in die Stadt hinein. Im Ganzen ist das Bauen an den deutschen Universitäten im Vergleich zum Ausland aber extrem rückständig, viele Bauten sind sogar marode. Münster, Erlangen – dort hat man Hochschuleinrichtungen sogar ins Industriegebiet ausgelagert. Wie soll man denn in einem solchen Umfeld arbeiten?«

Kai Vöckler hatte in »seiner« Hochschulstadt Offenbach auch im Kontext der Migrationsthemen, die 2016 auf der Architekturbiennale in Venedig unter dem Titel »Arrival City« im Deutschen Pavillon behandelt worden waren, einiges bewegen wollen und können. Er sprach nun aber auch die Konkflikte an, die sich zwischen Hochschulambitionen und politischem Pragmatismus ergeben können. Die HfG Offenbach sei, zugegeben, die kleinste Hochschule Hessens – »ein kleines Schnellboot, während Heidelberg ein Schlachtschiff ist«. Aber strukturelle Ähnlichkeiten gebe es in allen Fällen, die er in der Dualität Stadt versus Hochschule kenne. Zu differenziert dürfe und brauche man auf die Ansprüche von Wissenschaftlern

Kai Vöckler, Hochschule für Gestaltung Offenbach | Stadt- und Kreativitätsforscher

allerdings nicht eingehen, weil sie sich zumindest teilweise in ihren Lebensabschnitten auch wesentlich flexibler, ortsunabhängiger verhielten als jene vor zwanzig, dreißig Jahren. Zugleich sei bemerkenswert, was die Global Award City-Studie 2009 gezeigt habe: »73 Prozent der Hochschulabsolventen bleiben an ihren Geburts- und Studienorten. Mobil werden sie nur, wenn sie müssen.«

Kommunikation und gemeinsame Interessen

Vor allem in der Kommunikation zwischen Hochschulen und Städten liege vieles im Argen. Ernst Hubeli sprach an, wie in Offenbach die HfG als Designschule auch versucht habe, die Produktion einzubinden, das heißt, eine neue Art und Weise der Wissensproduktion und -kommunikation zu etablieren. Kai Vöckler erklärte: »Mein Job ist es, in solchen Fällen Brücken zu bauen. Die Interessenslagen und Wahrnehmungsebenen sind zunächst einmal völlig unterschiedlich. Und die Frage ist: Wo gibt es Gemeinsamkeiten? Wo gibt es Schnittmengen in den Interessen verschiedener Akteure ↕? Die herauszufinden, ist das eine, was oft sehr abstrakt bleibt. Das andere muss sein, in konkreten Veränderungen die Bedürfnisse aller auch zu befriedigen. Das kann mit einem Gebäude beginnen, in dem sich zeigt, dass es auch anders – und besser – als gewohnt geht.

Das Exemplarische oder auch das Temporäre ist auch wichtig für die Kommunikationsprozesse. Ich habe in dem Kontext auch nichts gegen Leuchttürme, gegen ikonische Bauten, die zwar keine Probleme lösen, aber eine Art Zukunftsversprechen geben und räumlich ablesbar machen.« Ernst Hubeli gab zu bedenken, dass die Planung mit ihren funktionstrennenden Traditionen zum Großteil noch den Prinzipien der 1950er- und 60er-Jahre folge. Auch in Heidelberg gebe es kein Gremium, das diese Kooperation thematisiere und umsetze. »Es genügt nicht, irgendwelchen gemeinsamen Sitzungen beizuwohnen. Man braucht einen organisatorischen Apparat, der mit Perspektiven für alle Beteiligten operiert.« Und Ulrike Gerhard ergänzte: »In Heidelberg kommt eine extrem

Ulrike Gerhard, Universität Heidelberg | Human- und Stadtgeographin

beharrungsfähige Bürgerschaft hinzu. Soziale Mischungen und Veränderungen im Wohn- oder Arbeitsumfeld – welche Heidelberger wollen das denn?« Interessantes habe eine Heidelberger Netzwerkanalyse zu der Frage ergeben, wer denn überhaupt mitmische im Stadtgefüge. Gerade in Heidelberg, so wurde angesprochen, sei inzwischen die privatwirtschaftliche Forschung – etwa im Bereich der Medizintechnik – wachsend präsent und politisch einflussreich. »Ich glaube, es kommt darauf an, welche Akteure man zusammenbringen kann, um gemeinsame Interessen zu erkennen und zu verfolgen. Sie kommen aus der Verwaltung, aus der Wirtschaft, aus der Kultur, aus der Wissenschaft, aus der Zivilgesellschaft – und wollen nicht alle im Rampenlicht stehen. Man muss Bündnisse schmieden, und wichtig scheint mir, dass sich Persönlichkeiten aus diesen Bereichen dann auch vertrauen können.«

Brauchen wir überhaupt noch Universitäten?

Als Agent Provocateur verschärfte Ernst Hubeli mit dieser Frage das Gespräch, in dem es auch darum ging, welche Abhängigkeiten zwischen den Akteuren in einer *Knowledge Pearl* bestehen. Es verschieben sich die Gleichgewichte. Denn an der ETH Lausanne studierten beispielsweise inzwischen 80 Prozent über das Internet. Dazu gehörten Studierende – in erster Linie aus Afrika –, und was bedeute das für Universität des 21. Jahrhunderts? Für viele sei das zunächst ein Horror-Szenario, denn wir hingen doch am *Face-to-Face,* am physischen Beieinander. Aber die Universitäten müssten sich funktional auf jeden Fall ändern. »Vieles muss man gewiss zulassen, anbieten. Aber dergleichen wird immer nur ein Ergänzungsangebot sein« – meinte Ulrike Gerhard. Man habe schließlich nach dem *Digital Turn* gesehen, dass der Raum anschließend immer wichtiger wurde. »Das Zusammenwirken zwischen virtuellem und physischem Raum ist unbestreitbar – wir müssen es gestalten, übrigens auf der Grundlage von empirischen Ergebnissen. Sonst geht es schief. (...) Im Kontext einer IBA muss man dann aber auch konkret, experimentell einfach etwas auf den Weg bringen« (Kai Vöckler).

Anmerkung | Ullrich Schwarz

Politik als Wille und Vorstellung

WIE WÄR'S MIT POPPER?

Karl Popper hatte 1934 in seinem Buch »Logik der Forschung« die damals revolutionäre These aufgestellt, dass sich die Aussagen der Naturwissenschaften (»Gesetze«) gar nicht verifizieren lassen. Die Begründung dieser These sei an dieser Stelle vernachlässigt. Jedenfalls unterminiert sie nachhaltig den Erkenntnisanspruch der Naturwissenschaften, objektive und unbezweifelbare »Wahrheiten« ↑ formulieren zu können. In seiner politischen Philosophie überträgt nun Popper diesen Gedanken auf den Bereich des sozialen Handelns. Nur in autoritären, im Extrem totalitären gesellschaftlichen Systemen lässt sich Politik auf »Erkenntnis« oder »Wahrheit« gründen. Erdogan und Putin lassen grüßen. Die Politik einer offenen Gesellschaft fußt auf Versuch und Irrtum und auf Projekten höchstens mittlerer Reichweite *(Piecemeal Social Engineering)* und nicht auf letztgültigen »Wahrheiten«, die im Zweifel immer nur autoritär verordnet werden können. In totalitären Systemen werden Kritiker der offiziellen »Wahrheit« unterdrückt oder zum Verstummen gebracht, da sie sich schuldhaft der »Erkenntnis« verweigern oder eben wirklich bösartig sind.

Nun könnte man diesen autoritären Systemen der politischen Wahrheitsfindung ja die Vorstellung von politischer Wahrheit als Ergebnis eines offenen gesellschaftlichen Diskursprozesses entgegenstellen. Gerade so, als ob man eine verlässliche, gültige Normativität etablieren und der Diskurs Wahrheit und Erkenntnis hervorbringen könne.

Hier klingen die Glocken des sogenannten Neuen Realismus. Dem geht es um die Überwindung des Subjektivismus, des Relativismus, des kulturellen Konstruktivismus, der meint, dass alles eine Frage der Perspektive und der sozialen (Selbst-)Zuschreibung sei. Anders: Es gibt unendlich viele »Wahrheiten«, und dies sei ein Erfolg der Emanzipation. Negativ formuliert: Alles ist möglich, jede Einschränkung einer Partikularität ↑ ist Diskriminierung und Repression. Wenn jeder an sich denkt, ist ja an alle gedacht. Es ist klar, dass sich an dieser Stelle die Frage stellt: Woher kommt das Allgemeine, das Ganze? Dass es sich

Ullrich Schwarz (*1950), Soziologe, bis 2015 Geschäftsführer der Hamburgischen Architektenkammer und Professor für Architekturtheorie der HCU Hamburg

nicht einfach aus der Addition aller Partikularismen ↑ ergeben kann, liegt auf der Hand. Also noch einmal: Woher kommt das Allgemeine? Vielleicht sollten wir an dieser Stelle die Welt der philosophischen Modelle verlassen und einen Blick auf die tatsächlichen Verhältnisse werfen. Das Allgemeine, Wahrheit und Erkenntnis: hochphilosophische Begriffe, die uns bei der Bewältigung unserer gesellschaftlichen Alltagssituationen aber kaum weiterhelfen.

In den 1970er und -80er-Jahren fanden die Ökos es nützlich, in ihre Rhetorik den Begriff der Einheit mit der Natur aufzunehmen. Der politische Idealismus träumt von einer demokratischen Einheit von Staat und Volk. Davon kann nun heute allerdings keine Rede sein. Der Marxismus hatte es hier leichter: Der Staat war der ideelle Gesamtkapitalist. Ganz so einfach dürfte es in einem sozialstaatlich gebändigten System mit multiplen und zentralistisch nicht mehr kontrollierbaren Konfliktparteien nicht mehr sein. Es finden – auch wieder so ein Euphemismus – Aushandlungsprozesse statt, die mal mehr, mal weniger erfolgreich sich an allem möglichen orientieren mögen, ob das aber die Rationalität oder gar das Gemeinwohl ist, dürfte von den meisten Zeitgenossen bezweifelt werden. Und die Politik als Oberentscheider, als Inbegriff der kommunitären Vernunft? Fehlanzeige.

Das Vertrauen der deutschen Bevölkerung in die Rationalität der Politik ist auf einem Tiefpunkt angelangt. Das hat gute Gründe, die die politische Klasse erwartungsgemäß nur schwer verstehen will. Wahrheit und Erkenntnis sind Begriffe, die der Bürger heute mit der offiziellen Politik nicht unbedingt in Verbindung bringt. Es scheint das Gefühl verbreitet, dass wir alle irgendwie noch mal Glück gehabt haben, dass es nicht zu wirklichen Katastrophen kommt – sofern man das, was laufend passiert, nicht ohnehin schon als Katastrophe empfindet. Wenn man also der Politik nicht vertraut, dann könnte die Weisheit ja aus dem unverdorbenen, »authentischen« Willen der Bürger kommen. ⌐

Karl-Heinz Imhäuser

Wissen in der offenen Gesellschaft
Die »Ressource« der Zukunft und ihre Verortung in Städten und Gemeinden

Mit dem Schritt von der Industrie- zur Wissensgesellschaft hat sich der Stellenwert von Wissen erhöht, außerdem substantiell und strukturell erweitert. Wissen ist eine signifikante Ressource der Gesellschaft und ein wichtiger Faktor für die Volkswirtschaft. Orte, an denen Wissen gespeichert, geschaffen und vermittelt wird, sind für die zukunftsorientierte Entwicklung einer offenen Gesellschaft von eminenter Bedeutung.

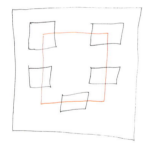

Örtliche Überlagerung
Kennzeichnend ist die Überlagerung verschiedener Bildungs-, Beratungs-, Medien- und Sporteinrichtungen innerhalb eines Baukörpers, die bisher einrichtungs- und gebäudebezogen getrennt waren. Diese Klammer kann von einem gemeinsamen Baukörper, in dem verschiedene Einrichtungen ablesbar bleiben, bis hin zur Nutzungsüberlagerung eines *Shared Space* reichen.

Von der Wissensgesellschaft zum Wissen in der offenen Gesellschaft

Der Begriff der »offenen Gesellschaft«, 1945 von dem Philosophen Karl Popper (1902-1994) geprägt, erfährt seit kurzem eine neue Aktualität. Sein Konzept stammt nicht zufällig aus einer Zeit, die mit unserer Gegenwart eine fundamentale Krisenhaftigkeit gemein hat. War die erste Hälfte des zwanzigsten Jahrhunderts von den Weltkriegen bestimmt, ist unsere Gegenwart von Extremen religiöser und weltanschaulicher Fundamentalismen und einer kritischen Verteilung von Armut beziehungsweise Reichtum geprägt. Die dadurch verursachten Spannungsverhältnisse dynamisieren sich und wirken sich global aufeinander aus, sie führen zu kriegerischen Auseinandersetzungen und dann auch zu den neuzeitlichen Formen von Völkerwanderung, die jetzt unmittelbar bei uns ankommen.[1]

Die damaligen wie die heutigen komplex auf- und miteinander wirkenden Entwicklungen bringen ein hohes Maß an Veränderung mit sich, dem sich eine offene Gesellschaft stellen muss. Und nur eine offene Gesellschaft kann sich ihr stellen. Nur mit gut genutzten Ressourcen kann sie sich im Kontext der globalen Herausforderungen und eines permanenten, schnellen Wandels entwickeln und behaupten – und ihre Eckpfeiler wie Freiheit, Demokratie, Humanität, Solidarität erhalten.[2] Als eine dieser »Ressourcen« spielt Wissen ↑ eine zentrale Rolle.

---

1) Siehe dazu auch Ingeborg Breuer: Bewährungsprobe durch Terror und Flucht – Die Renaissance der ‚offenen Gesellschaft'. Deutschlandfunk, 17. Dezember 2015

2) Uwe Schneidewind: Das europäische Wissens- und Fortschrittsmodell: Am Ende oder am Anfang? Vortrag bei der 73. Hauptversammlung der Deutschen UNESCO-Kommission »Europa in der globalen Staatengemeinschaft des 21. Jahrhunderts«, Bonn, 22. bis 23. Mai 2013; Diskussionsveranstaltung: »Europas Perspektive in Bildung, Wissenschaft und Kultur«, 23. Mai 2013

Wissen und Unwissen

Werfen wir einen Blick in die großen Wissenschaftszentren als »Wissens-Schaffens-Zentren«. Im CERN, der europäischen Organisation für Kernforschung (*Conseil Européen pour la Recherche Nucléaire*) in Genf wurde 2013 der lang erhoffte Nachweis der Existenz des Higgs-Bosons erbracht. Von führenden Grundlagenphysikern war zu hören, dass wir mit der Kenntnis dieses Elementarteilchens nun vier Prozent der Zusammensetzung des Universums erklären können – es aber nach wie vor mit 96 Prozent »Unwissen« zu tun haben. Eine solche Aussage suggeriert, dass es prinzipiell hundert Prozent Erkennbares gibt, welches theoretisch früher oder später erkannt werden kann. Sie bestätigt aber auch, dass ein solches geschlossenes, weil zu hundert Prozent erkennbares Universum in dieser Abgeschlossenheit real nicht existiert.

In der offenen Gesellschaft geht es deshalb immer auch um andere Aspekte des Wissens, um das, was nicht gewusst wird und nicht gewusst werden kann: Unberechenbarkeit, Unvorhersehbarkeit, Unbestimmbarkeit, Unvollkommenheit, Unabschließbarkeit und ähnliches. Dergleichen hatte Karl Popper vermutlich mit der These im Sinn, dass die Entwicklung der offenen Gesellschaft »ins Unbekannte, ins Ungewisse, ins Unsichere« führe. Deshalb, so folgert Ingeborg Breuer, ist eine offene Gesellschaft angewiesen auf »eine ungemeine Innovationsbereitschaft und Kreativität. Die Bereitschaft jedes Einzelnen, sich nicht abzuschließen gegen neue Erfahrungen. Veränderungen zuzulassen, statt sie zu ersticken.«[3] Das Wissen des Unwissens in der offenen Gesellschaft könnte der Dynamisierer sein, der zu ständiger Weiterentwicklung und Neuerzeugung beiträgt – was die offene Gesellschaft aufrecht erhält.

Träger von Wissensbeständen und ihre Produzenten

Das sogenannte Münchener Wissensmodell unterscheidet zwei zentrale Wissenskategorien:

- Informationswissen beziehungsweise explizites Wissen kann unmittelbar weitergegeben werden, es braucht nicht zwingend einen Kontext. Dass man es »besitzt«, kann man durch Reproduktion beweisen.
- Handlungswissen beziehungsweise implizites Wissen findet man nur in sinnvollen Bedeutungsnetzwerken und Bewertungskontexten. Dass man über es verfügt, kann man nur durch seine Anwendung in neuen Kontexten zeigen.[4]

Informationswissen als verortbares, lagerbares Wissen verlangt nach abrufbaren Wissensspeichern in Büchern, Zeitschriften oder Clouds. Gleichzeitig ist klar,

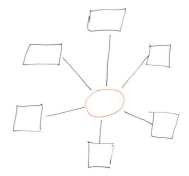

Campusverbund
Kennzeichnend sind starke Bindungen durch formale Kooperationsvereinbarungen der verschiedenen Einrichtungen für einen definierten Ablauf bei der Aushandlung gemeinsamer Interessen und Verantwortlichkeiten. Diese bedingen ein zentrales Management zur inhaltlichen Ausgestaltung und Weiterentwicklung der Zusammenarbeit entlang gemeinsamer Ziele und der gemeinsamen räumlichen Ressourcen.

---

3) Breuer, siehe Anm. 1

4) Heinz Mandl und Gabi Reinmann-Rothmeier, 2001, Seite 16, zit. nach ebd., Seite 39. Baltmannsweiler 2014

dass in einer offenen Gesellschaft aus Heranwachsenden und Herangewachsenen, aus schon Daseienden und später Hinzukommenden der Mensch selbst ein wichtiges *Interface* ⇑ bleibt. Denn die Träger von Handlungs- und Erfahrungswissen sind keine Datenspeicher. Es sind Menschen in der Vielheit der Möglichkeiten und in der Unterschiedlichkeit ihrer Erscheinungsformen.

Wo der persönliche Kontakt verlorengeht, wo Menschen einander ihre Wissensbestände nicht unmittelbar weitergeben, wo nicht mehr am Wissen anderer partizipiert wird, wo Wissen kodifiziert in komplexitätsreduzierenden Handlungsanweisungen abgelöst von menschlichen Wissensträgern hinein organisiert wird – da droht Wissen unwiederbringlich verloren zu gehen.[5]

Verortung des Wissens in der offenen Gesellschaft

Wie können sich nun Städte und Gemeinden für die Zukunft einer offenen Gesellschaft aufstellen? Bereits heute haben die Bildungsangebote einer Stadt oder Region großen Einfluss auf die Wahl von Wohnort und Firmenstandort. Gute Bildungseinrichtungen gelten als wichtiger Faktor im Wettbewerb um Neubürger und Wirtschaftsbetriebe. Schulinitiativen aus der Wirtschaft unterstreichen die Relevanz der Bildungsversorgung für die Rekrutierung von qualifiziertem Personal. Gerade unter diesem Gesichtspunkt sind kommunale Aufwendungen für den Bau einer qualitativ hochwertigen, vielfältigen Bildungslandschaft nicht primär als Kosten, sondern als Investitionen zu bewerten.

Ferner sichern die Verfügbarkeit, Zugänglichkeit, Eignung und Anpassbarkeit von Bildung im Verständnis eines durch Diversität ⇑ und Inklusion ⇑ geprägten gesellschaftlichen Denk- und Handlungsstils jedem Menschen sein Recht auf gesellschaftliche Teilhabe und individuelle Entwicklung – unabhängig von Alter, Geschlecht, sozialer oder kultureller Herkunft. Dies ist ein hoher Anspruch an Wissensvermittlungsangebote und -orte. Das damit einhergehende Verständnis von Wissensproduktion und -vermittlung unterliegt dynamischen Prozessen, die es zu gestalten gilt.[6]

Wissen und seine Vermittlung gehen daher weit über Lehrprogramme und -pläne in Schulen, Hochschulen, Ausbildungsstätten, Kultur- und Weiterbildungseinrichtungen und Qualifizierungsangebote in Unternehmen hinaus. Wir gehen heute davon aus, dass die im Alltag gewonnenen informellen Handlungsfähigkeiten rund siebzig bis achtzig Prozent des menschlichen Wissenserwerbs ausmachen.[7] Es gilt, diese Potentiale öffentlicher Räume für die weitere Entwicklung unserer offenen Gesellschaft stärker zu nutzen. Aufgrund des demographischen Wandels und der aktuellen Zuwanderungsentwicklung insbesondere junger Menschen ist dies eine dringende Aufgabe.

Kommunale Wissens-Schaffens-Zentren

Bestehende und neue Orte zum Vorhalten, Schaffen und Vermitteln von Wissen sind in einer offenen Gesellschaft sowohl Orte der Bildung als auch der Begegnung und des Miteinanders.[8] »Aufgabe wird sein, diese Infrastrukturen für

---

5) Vgl. auch Georg Hans Neuweg: Das Schweigen der Könner. Gesammelte Schriften zum impliziten Wissen. Münster 2015, Seiten 20 ff.

6) Vgl. Montag Stiftungen (Hrsg.): Schulen planen und bauen. Grundlagen und Prozesse. Berlin/Seelze 2012, Seiten 15 ff.

7) John Erpenbeck in: Rolf Arnold, John Erpenbeck: Wissen ist keine Kompetenz. Grundlagen der Berufs- und Erwachsenenbildung Band 77, Baltmannsweiler 2014, Seite 37

8) Die OECD zählt neben Bildung und Erziehung auch die Gemeinsinnentwicklung zu den Aufträgen, die Schule heute erfüllen muss. Vgl. OECD: Schooling for Tomorrow. What Schools for the Future, Paris 2001

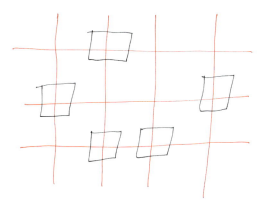

Netzwerk
Hier liegt die Stärke in schwacher Bindung lose gekoppelter Netzwerkstrukturen von Netzwerkpartnern aus den verschiedenen Einrichtungen, die sich aufeinander beziehen. Netzwerke sind eine spezifische Organisationsform von sozialen Systemen, die sich durch ihre Struktur und ihre Aufgaben – nicht zwingend durch ihre Zielsetzung – von einer klassischen Organisationsform unterscheiden.

die Zukunft zu qualifizieren und für die Nachbarschaft zu öffnen. Im Mittelpunkt stehen Konzepte, welche die Vielfalt im Quartier durch ihre Multifunktionalität fördern und deren attraktive städtebauliche Gestaltung. (...) Der Blick lenkt die Aufmerksamkeit unter anderem auf sogenannte lokale Bildungslandschaften, die Bildungsorte auf lokalem Raum effektiv vernetzen und deren Angebote ganztägig nutzbar sind.« [9]

Solche kommunalen Wissens-Schaffens-Zentren sind Orte hybrider Überlagerung bisher institutionell und räumlich getrennter Aufgaben, Rollen und Funktionen. Durch sie wird kommunal verantwortete Gemeinwesensentwicklung zum Kern der Entwicklung einer offenen Gesellschaft. Sie fungieren als ein »Netzwerkhub«, eine strategische Entwicklungsoption für eine städtische Region beziehungsweise eine Stadt, als Netzwerk von Netzwerken lokaler Kernkompetenzen. In ihnen entwickeln sich enge Verbindungen zwischen schulischen Bildungseinrichtungen, Orten der Hochschulausbildung, Medien-Gesellschaften und anderen Unternehmen, privaten und staatlichen.[10] Kommunale Wissens-Schaffens-Zentren wirken gegen soziale, familiäre und gesellschaftliche Fragmentierung. Sie sind von sozialen und gesellschaftlichen Aufgaben bestimmt. Nicht zuletzt für die vielen Menschen, die wir integrieren müssen, auch für die Gruppe junger Menschen ohne Abschluss und Anschluss könnte der sinnvolle Aufbau von Handlungswissen und der sinnstiftende Umgang mit Informationswissen in diesen Orten ein Ankerpunkt sein, um Teil einer offenen Gesellschaft zu werden – ein Ankerpunkt, der über die selektionsorientierte Schulperspektive hinausreicht. Kommunale Wissens-Schaffens-Strukturen fördern individuelle Lernbiographien – aller Gesellschaftsmitglieder gleichermaßen – wie auch eine nachhaltige Regionalentwicklung. Eine offene Gesellschaft und ein funktionierendes Zusammenleben in Vielfalt sind ohne eine auf Chancengleichheit ausgerichtete Gerechtigkeitsperspektive, die alle meint und für alle gilt, nicht zu haben.

---

9) Vgl. Bildung öffnet Welten. Stadt bietet Räume. Veranstaltungsankündigung Netzwerk Innenstadt, Tagung am 18. 2. 2016

10) Vgl. Schooling for Tomorrow. Networks of Innovation. Towards New Models for Managing Schools and Systems. OECD 2003

Kindertagesstätte der Stadt Heidelberg in der Bahnstadt, Architekten: Behnisch Architekten, Stuttgart

⟳ Die Wahlbeteiligung an der Bundestagwahl 2013 lag in Heidelberg bei 76,7% und bundesweit bei 71,5%.

Randnotiz | Ullrich Schwarz

Bürger als Demokraten

BEDINGT DISKURSBEREIT

Was wollen »die« Bürger, wenn sie der repräsentativen Politik nicht mehr vertrauen? Was wissen sie, und was wollen sie erreichen? Vielleicht ist es nicht die allgemeingültige Wahrheit, sondern überwiegend eine nachdrückliche Erklärung der jeweils eigenen Gruppeninteressen. Diese treten in einer sich exponentiell erweiternden Pluralität auf, die sich kaum zu einem in sich versöhnten Ganzen addiert. Dennoch können diese partikularen Anliegen durchaus vernünftige Argumente auf ihrer Seite haben. Das kann für Politik und Verwaltung vor Ort unbequem und kapazitätsfressend sein. Diese Dynamik der – wie es politiktechnisch heißt – Bürgerbeteiligung ist jedoch nicht mehr zurückzudrehen.

Das deutsche politische System fragmentiert sich gerade selbst und wird dadurch schwächer. Neue Parteien tauchen auf, Koalitionen werden schwer voraussehbar und sind in sich instabil. Die Zeit der Arroganz und Bräsigkeit der Vierzig-Prozent-Parteien ist vorbei. Die Wahlbeteiligung schrumpft, die Mitgliederzahlen der Großparteien CDU und SPD haben sich in den letzten 25 Jahren halbiert.

So traut sich die Politik nicht mehr, dem Bürgerprotest durch Inszenierungen von Staatsmacht entgegenzutreten. Aber auch wenn sich heute praktisch an jeder Straßenecke aus welchem Anlass auch immer eine Bürgerinitiative bilden kann, sollte man dies nicht zu einem »beständigen öffentlichen Diskurs« stilisieren. Die Leute lassen sich einfach nicht mehr alles gefallen. Die Konflikte sind in der Regel spezifisch und »lokalisiert« und können in diesem Rahmen argumentativ auch ein beachtliches Niveau erreichen. Ein Ersatz für den gesamtgesellschaftlichen Diskurs, das Allgemeine, kann das aber nicht sein. So ergibt sich ein Dilemma: Die parlamentarische Politik schwächelt und gerät in die Defensive, die außerparlamentarische Politik wird stärker, kann aber keine gesamtgesellschaftliche Diskursqualität erreichen. So entstehen gleichzeitig eine Vervielfältigung der politischen Willensäußerungen und ein Defizit an substantieller politischer Vernunft. Bisher wurstelt man sich so durch. Kann das so bleiben? Lässt sich das ändern? Wer weiß, vielleicht helfen ja sogar wohlverstandene Appelle an Wahrheit und Erkenntnis?

Ullrich Schwarz (*1950), Soziologe, bis 2015 Geschäftsführer der Hamburgischen Architektenkammer und Professor für Architekturtheorie der HCU Hamburg

Trialog_2

Lernräume

Leben wir tatsächlich in einer »offenen Gesellschaft«? Und wenn, in welchen Räumen kommunizieren und lernen deren Mitglieder? Karl-Heinz Imhäusers Thesen zur Verortung des Wissens und zur Weitergabe von Wissen in einer offenen Gesellschaft (siehe Seite 62) diskutierte Carl Zillich, kuratorischer Leiter der IBA Heidelberg, mit Angela Million, die als Planerin an der TU Berlin am Thema lokale Bildung und Stadtentwicklung forscht, und Anne Sliwka, die sich als Professorin für Schulpädagogik in Heidelberg schwerpunktmäßig mit Schulentwicklung im internationalen Vergleich und mit Fragen der Diversität an Schulen befasst.

Offene Gesellschaft?

Um die Charakterisierung der Gesellschaft als Diskussionsbasis zu präzisieren, begann Anne Sliwka die Diskussion. Sie skizzierte den Bedeutungswandel des Begriffs der »offenen Gesellschaft«, wie ihn der Philosoph Karl Popper in seiner Publikation »Die offene Gesellschaft und ihre Feinde« (1955 auf Englisch, 1957 auf Deutsch erschienen) gefasst hatte. Der Begriff erfahre heute, nach dem Brexit, wieder eine neue Bedeutung als diejenige, die er nach dem Fall der Mauer 1989 gehabt habe. Denn der Brexit sei ein Indiz dafür, dass Grenzen wieder gefestigt werden, dass einer offenen Gesellschaft also entgegengewirkt werde. »Auch in der Pädagogik schwingt das Pendel immer wieder hin und her zwischen Freiheit und Disziplin – einen klaren Fortschritt gibt es nicht.«

Ausbildungsräume und -programme

Um auf Bildungsarchitektur zu kommen, provozierte Carl Zillich mit der These, dass die heutigen »Lernlandschaften« doch besser seien als die »Lernmaschinen« der 1960er- und 70er-Jahre. Das Rad der Schulentwicklung lasse sich weder konzeptionell, noch baulich zurückdrehen. Deswegen sah Angela Million große Chancen in einer kontinuierlichen Weiterentwicklung pädagogischer Konzepte und entsprechender Architektur. »Weil sich der allgemeine Wandel im Kontext der Globalisierung erheblich beschleunigt hat, suchen Menschen nach Kontuität.« Anne Sliwka pflichtete insofern bei, als dass in der Pädagogik die Diversität ⬆ romantisiert, teilweise verklärt werde – gleichzeitig problematische Gegenbewegungen zu beobachten seien. So scheitere ein Gymnasium mit der an sich guten Idee, in höheren Klassen gut ausgebildete, erwachsene Geflüchtete in die Ausbildung einzubeziehen, am Widerstand einer kleinen Gruppe von Eltern. Der Inklusion ⬆, so Anne Sliwka, liege eine normative Theorie zugrunde, in der Praxis dann auch recht romantische Vorstellungen von gegenseitigem Lernen und bereichernden Begegnungen. Der Anspruch der IBA, so Carl Zillich, orientiere sich aber durchaus an der These von Karl-Heinz Imhäuser, dass eine Gesellschaft nur vorankomme, wenn sie sich nicht verschließe. Angela Million ließ die Polarisierung nicht gelten und betonte die einzigartige Rolle der Architektur: »Baustrukturen können für eine Kontinuität sorgen, sofern sie immer wieder neu mit neuen pädagogischen Konzepten bespielt werden können – vergleichbar einem Schulleiter, der dreißig Jahre lang eine Schule führt und mehrere Reformen und Moden hinter sich hat.« Carl Zillich hielt das Gespräch auf der Metaebene, um zu klären: »Wie viel Heterogenität und Diversität können wir aushalten? Ist Karl-Heinz Imhäusers Optimismus angebracht?«

Der öffentliche Raum

»Wenn es darum geht, wie unsere Gesellschaft mit ihrer wachsenden Heterogenität zurecht kommt, spielt der öffentliche Raum eine immer größere Rolle – er muss viel mehr als nur ›Lernraum‹ sein« (Angela Million). Im öffentlichen Raum sind weite Teile als Verkehrswege sehr monofunktional besetzt. Faktisch habe man es darüber hinaus bald mit einer Totalüberwachung zu tun. Was aber heiße das für die Rahmenplanung? »Öffentlicher Raum muss als Bühne für die heterogene Gesellschaft gestaltet oder erhalten werden.«

QR-Code zur Aufzeichnung des Gesprächs

Carl Zillich | Architekt und kuratorischer Leiter der IBA Heidelberg

Informelles Lernen, Stadtentwicklung und Schulbau

Braucht man also pädagogisch choreographierte Schutzräume? Anne Sliwka wies darauf hin, dass vor etwa zehn Jahren der Wissensbegriff vom Kompetenzbegriff abgelöst worden sei. In Baden-Württemberg war 2004 der erste kompetenzorientierte Bildungsplan in Kraft getreten, den viele Lehrkräfte nicht nachvollziehen konnten oder wollten. »Solche Paradigmenwechsel spielen sich nicht in fünf Jahren ab, sie dauern ein bis zwei Generationen.« Für die Stadtentwicklung bedeuten sie mehr als ein offenes Klassenzimmer. »Falsch wäre, inhaltliches Wissen gegen Prozesswissen auszuspielen. Man braucht beides.« Jedes Handeln, so Anne Sliwka, brauche eine Wissensdimension. »Beispiel Brexit: Die Menschen haben gewählt und dann erst gegoogelt, was eigentlich die EU ist.« An diesem Gesprächspunkt öffnete sich doch die Kluft zwischen pädagogischen Konzeptphasen und Stadt- und Architekturentwicklung. Hinken Stadt- und Architekturentwicklung doch zwangsläufig hinterher. Angela Million konnte deswegen nur darauf hinweisen, dass in der Planung durchaus überlegt werde, »welche Stadtbereiche als Lernbereiche dienen könnten. Stadt als Campus? Stadt als Lernraum des Erfahrungswissens? Kann man, weil sich ein Gewerbegebiet ändert, dort neue Schulen bauen? Was bringt die Nähe von unterschiedlichen Nutzungen?«

Anne Sliwka, Universität Heidelberg + Pädagogische Hochschule Heidelberg | Bildungsforscherin

Carl Zillich kam auf Karl-Heinz Imhäusers Vorschlag kommunaler Wissenszentren zurück, in denen sich mehrere Generationen begegnen könnten und en passant eine hochkomplexe Wissensvermittlung zu erwarten sei. Müssen solche Strukturen heute künstlich geschaffen werden? Die Pädagogin Anne Sliwka war skeptisch, denn zu befürchten sei, dass Menschen sich dort nur intentional begegnen. Vergleichbar mit dem Besuch von Kindern in einem Pflegeheim – der keine schlechte Idee sei, aber nur einen punktuellen, verpuffenden Effekt habe.

Bildungslandschaft

Angela Million wies auf Projekte dieser Art hin, die von enormem Vertrauensvorschuss getragen seien. »Der Ansatz geht davon aus, dass Bildung besser gelingen kann, wenn Bildungsinstitutionen kooperieren und sich damit Bildungsmilieus mischen.« Die räumlichen Konzepte »folgen in der Regel der Idee des amerikanischen Bildungs-Campus, aber es fehlt, was einem öffentlichen Marktplatz eignet«. Schulen als Motoren der Wissensgesellschaft nutzen, multiprofessionelle Lehrerteams bilden, Schulen öffnen – üblich sei die Reaktion: Bloß nicht, lasst mich meine Arbeit machen und lasst die Gesellschaft draußen! Was kann in dieser Umbruchphase Schule überhaupt leisten? Anne Sliwka konnte auf Erfahrungen in Kanada verweisen, wo sich Schulen teilweise auf den multiprofessionellen Weg machten. An einer kanadischen Highschool seien Sonderpädagogen, Fachlehrer, Schulpsychologen, Gesundheitsbeauftragte, Tänzer als *Artists in Residence*, Sozialarbeiter, *Migrant Workers* für Schuleinheiten von 1000 bis 2000 Schülern zu finden. Hierzulande undenkbar, Lehrer seien deswegen im Kontext der wachsenden Heterogenität der Gesellschaft tatsächlich überfordert. Mit der Idee der »Bildungslandschaft« werde, so Angela Million, schon versucht, auf solche Entwicklungen einzugehen, aber die Reglementierung durch Bauverordnungen, Hausmeisterverantwortung und dergleichen sei per se ein Problem.

Typologien, Ressourcen

Ob aus Sicht der Pädagogin oder Planerin – die Macht des Raumes ist unbestritten. Es gibt Erfahrungen mit Experimentierräumen, mit *Flexible Grouping*; Musikunterricht klassen- und altersübergreifend zu gestalten, bedarf nicht einmal neuer Räume. Sollen sich neue Konzepte in Neu- oder Umbauten spiegeln, müssen in der Regel Fördermittel zusammengezogen oder Sanierungsgelder umgedeutet werden. Ein großes Potential wird allgemein in Mehrfachnutzungen gesehen – stehen doch Hochschulräume fünf Monate im Jahr leer, Theater und Kinos sind tagsüber ebenfalls ungenutzt. Zudem vernetzen sich Jugendliche in individueller Interessenslage heute ganz selbstverständlich – also alles eigentlich kein Problem. Aber eine »nomadische Verantwortung« für Raumnutzungen wird schwierig. Wer stellt die Stühle hoch und putzt? »Uns Planern ist klar, dass wir heute Schulen planen und bauen müssen, die offen für andere Nutzungen, beispielsweise Gemeindezentren, sind« (Angela Million). Verschiedene Standorte intelligent zusammenzuschalten wäre eine Möglichkeit. Der Innovationsimpetus komme meistens daher, so Anne Sliwka, wo der Problemdruck am höchsten sei – eine solche Chance sei zum Beispiel in Heddesheim genutzt worden. Aber Heidelberg mit seiner wertkonservativen Bürgerschaft? Am meisten könne man, so Anne Sliwka, derzeit im Bereich der Gemeinschaftsschulen erreichen, die unter Druck stünden und sich profilieren müssten. »Gerade in Heidelberg bieten sich hier Chancen, weil die bürgerlichen Schichten nicht in die Gemeinschaftsschulen gehen.«

Angela Million, Technische Universität Berlin | Stadtplanerin

Zum Abschluss kam die Gesprächsrunde konsequent zurück zum öffentlichen Raum, der für informelles Lernen in allen Lebensstufen unersetzlich sei. In historischen Städten, so eine Studie, haben Jugendliche am wenigsten Räume, in denen sie machen können, was sie wollen. Dabei müssen sie solche Orte finden können, denn institutionalisieren lasse sich gerade informelles Lernen nicht. Der besondere Charme Heidelbergs liege zweifellos in den kurzen Wegen, die aber, um als informelle Lernorte funktionieren zu können, umgestaltet werden müssten.

Exkurs | Alexandra Staub

Future Systems am Neckar
ORTLOS DABEI SEIN

Wir schreiben das Jahr 2022, und ich wache auf in einem hochtechnologischen Neubaugebiet, das zu einer Barockstadt gehört: Heidelberg. Seine reiche Bautradition macht meine neue Stelle an der Universität noch attraktiver. Ich gähne und checke rasch mein Smartphone. Zweiundzwanzig Grad, Sonnenschein, ein paar E-Mails, die können warten. Ich scrolle durch Facebook, überlege, ob ich ein Foto von meiner neuen Umgebung für die Daheimgebliebenen hochlade. Ich betrachte eine Textmitteilung, die ich übersehen hatte, sie enthält einen Willkommensgruß und einen Link zu einem Infoportal – Namensverzeichnisse, Kalendermitteilungen, einen Plan der Uni samt Cafés und beliebten Treffpunkten, diverse Foren. Ich öffne die Stadtplan-App und tippe kurz mit dem Daumen, um meinen Standort zu ermitteln. Gleich nebenan ist ein Bankautomat, sehr nützlich. Zum quirligen Marktplatz ist es auch nicht weit. Ich tippe weiter und studiere Cafés und Läden, Öffnungszeiten, Innenansichten, Speisekarten – wunderbar, dass ich mir so schnell einen Überblick verschaffen kann, früher musste ich mir dafür etliche Kilo Stadtführer kaufen, die immer bald veraltet waren. Da ich schon dabei bin, schaue ich mir noch in der Stadtplan-App die Straßenansichten an. Heidelberg ist schön; romantisch, charmant, die alten Steinbauten mit ihren Steildächern leuchten warm in der Sonne. Wie schon vor Jahrhunderten. Nur dass mir damals der Weg an die Universität vorenthalten geblieben wäre. Da sind wir heute weitergekommen.

Bei meinem Einstellungsgespräch fielen mir die Räumlichkeiten der neuen Heidelberger IBA-Bauten angenehm auf. Sensoren sorgten dafür, dass es drinnen nie zu warm oder zu kalt wurde und die Luft frisch blieb. Die Beleuchtung war zu jeder Zeit optimal, weil Bewegungsmelder Leuchten und Jalousien steuerten, die Türen ließen sich über Sensoren öffnen, deshalb waren Schlüssel unbekannt. Meine Ansprechpartner befanden sich größtenteils vor Ort, allerdings gab es eine Telekonferenz mit Arbeitsgruppen in Potsdam und Glasgow. Die neuen IBA-Bauten sind so ortlos wie ein moderner Flughafen; man findet sich hier sofort zurecht. Schon wenn man sie das erste Mal betritt, fühlt man sich sofort wie zu Hause. Alltagssorgen sind minimiert.

Ein Kollege hatte mich bei der Einstellung gefragt, was ich über Big Data ⬆ denke und ob mich die Idee einer Mobilitätskarte, die alle Bewegungen erfasst, irritiert.

Alexandra Staub (*1961), Associate Professor of Architecture an der Pennsylvania State University, USA. Ihr Forschungsgebiet umfasst politische und kulturelle Aspekte der gebauten Umwelt

Darüber konnte ich nur lächeln. Klar braucht ein neuer Wissensbetrieb eigene Regelungen. Ich sehe das Ganze jedoch positiv. Meine letzte Studie nutzte solche Daten, um Verkehrsnetzwerke im ländlichen Raum zu optimieren. Die Kinder und Rentner in den Vororten sind meinem Forschungsteam noch heute dankbar, denn sie haben dadurch eine bessere Verbindung zur Stadt und zum gesellschaftlichem Leben gefunden. Diese Leistung meines Forschungsteams werte ich als Erfolg des »modularen Denkens« im »Zusammenspiel unterschiedlicher Akteure ⬆«, heißt: Wir bestimmten ein konkretes Ziel und verfolgten es als Team aus Nutzern und Experten.

Das Gespräch kam bei »Wissensakkumulation« ⬆ und »operativem Handeln« an. Ich verweise auf das nun zehn Jahre alte Projekt »WindyGrid« aus Chicago, das 2012 ins Leben gerufen wurde, um durch GIS – also geographische Informationssysteme – die Stadt räumlich zu erfassen und somit Projekte und Einsätze verschiedener Behörden besser aufeinander abstimmen zu können. WindyGrid verhindert beispielsweise, dass Straßenbauarbeiten und Demorouten sich miteinander verheddern. Bei schweren Regen- oder Schneefällen hat sich diese Datenabstimmung bewährt.

Nicht so erfolgreich in Chicago war dagegen das Projekt »Array of Things«, das Informationen aus der Stadtumgebung sammelte und durch an Laternenmasten angebrachte Signalmodule sichtbar machte. Die Bevölkerung wollte einfach nicht durch eine App gesagt bekommen, wo sie spazieren gehen sollte, um einen Hauch bessere Luft zu genießen. Und als dann das Gerücht um die Nachtsichtkameras umging, wurden die Dinger bald demontiert.

Aber wir sind ja in Heidelberg. Es ist acht Uhr früh, höchste Zeit aufzustehen. Ich überlege, ob ich lieber zum Universitätsplatz laufe oder per UBER ein Taxi bestelle. Zum neuen, hochmodernen Büro neben dem lichtdurchfluteten Hörsaal auf der anderen Neckarseite gehe ich erst heute Nachmittag, jetzt lockt das alte Heidelberg, diese Kulisse des historischen Zaubers. Die Barockpracht will ich aus der Nähe erleben, denn sie war nach einer langen Zeit von Kriegen als Zeichen des Fortschritts auch einmal revolutionär. ⬛

 Bei der Heidelberg-Studie 2013 gaben 21% der befragten Haushalte an, kein Auto zu besitzen. In der Landeshauptstadt Stuttgart liegt der Wert bei etwa 47%.

Orientierungssystem im »Theoretikum« der Universität Heidelberg im Neuenheimer Feld, Universitätsbauamt Heidelberg

Wilhelm Klauser

Wissensorte vernetzen

Weitgefasste Wissensarten und ihre räumlichen Konsequenzen

Menschen sammeln Informationen, ordnen und systematisieren, überprüfen, experimentieren, verwerfen, sondern aus und geben ihr Wissen weiter – zudem entdecken und erfinden sie allerlei im Zusammenspiel von Phantasie und Wissen. Wissen hat damit eine räumliche Komponente. Die Aktivitäten des National Security Agency (NSA) unterscheiden sich dabei kaum von der Arbeit in einem Universitätslabor: Wissenschaftler, Spione oder globale Informationssammel- und Verbreitungsstellen wie Amazon oder Google arbeiten ähnlich, nutzen Wissen auch zur Kontrolle oder Distinktion. Die Verwendung des Wissens beeinflusst stets den Raum, die Stadt, die Art und Weise, wie wir leben und wie wir das Leben ausgestalten. Die Szenarien ändern sich jedoch rasant.

Big Data – Beschleunigung und Ortlosigkeit

Viel zu selten werden die Konsequenzen thematisiert, die sich vor allem aus der Beschleunigung der Wissensaggregation ergeben. Dabei zeigen sich hier Entwicklungen, die für eine Stadt und ihre räumliche Gestaltung enorme Bedeutung haben. Man vergleiche mit dem Online-Handel: Er führt zu einer Erosion von Einzelhandelsstrukturen; Online-Banking macht Bankfilialen überflüssig. Die Stadt verliert damit rasant an funktionaler Bedeutung. Wer glaubt noch an den quirligen Marktplatz?

Wissen ⭡ ist strukturell ephemer und beweglich. Es entsteht in allen sozialen Schichten und in allen Situationen, und es entsteht immer schneller. Es diffundiert über digitale Medien in den öffentlichen Raum, orchestriert Widerstand auf dem Tahir-Platz in Kairo oder auf dem Taksim-Platz in Istanbul. Es wandert zwar schon seit Jahrhunderten mit Gelehrten und Forschern von Lehrinstitution zu Lehrinstitution, vervielfältigt sich aber jetzt unüberschaubar im Internet.

Der ikonographische und gebaute Kontext des Wissens, die Bindung an einen Ort oder eine tradierte Form der Produktionspraxis verlieren an Relevanz. Die neue Wissensproduktion kann nun wie ehedem wirtschaftliche Ziele verfolgen, aber auch – und das ist neu – partizipative Entscheidungsprozesse beflügeln. In jedem Fall werden Anforderungen an räumliche Ausgestaltung gestellt, denn das Digitale ist ohne analoges Pendant nicht denkbar. Aber wie sieht dieser Raum aus? Welche Rolle spielt eine vernetzende Mobilität? Welche soziale Wirkung hat die extreme Beschleunigung der Wissensproduktion?

Einerseits mag uns beschleunigtes Wissen eine heitere und sorgenfreie Realität in ganzheitlichen Mobilitätskonzepten oder mit Robotern zum Beispiel in der Altenpflege bescheren. Andererseits wächst die Angst vor der Akkumulation des Wissens im Sinne von Big Data ⭡: Sie beginnt auf einem Smartboard in der Schule und endet beim unter die Haut gepflanzten Chip, der die Blutzuckerwerte von Diabetikern kontrolliert, oder bei einer Mobilitätskarte, die alle Bewegungen erfasst. Die Datenverwertung kann dabei eine Chance sein, aber genauso repressiv wirken. Es ist jene Doppelgesichtigkeit der Wissensproduktion, die beunruhigt. Deswegen müssen wir verhindern, dass die Stadt als Ort dieser Entwicklung in zehn Jahren ein Desaster ist, das so keiner haben wollte.

Unerwartete Veränderungen

Plötzliche Veränderungen, denen wir in der Beschleunigung begegnen, beflügelten Wissenshungrige immer. »Auf die politische Revolution in Frankreich folgten radikale Veränderungen im Wissenssystem.«[1] Alte Wissensregime wurden zerstört und durch neue ersetzt. Die Distanz zu den Kirchen wuchs, es entstanden neue Universitäten und Wissensquartiere. Technische Ausbildungen beförderten die Industrialisierung. Forscher verließen – allerdings nicht zum ersten Mal – ihren Herkunftsort. Die Sammlungen der Universitäten wurden Grundstock für den neuen Bautyp des Museums. Das Bild einer anderen Welt entstand, das auch Vorstellungen von tradierten Lebensformen und existierenden Stadtorganisationen nach dem Muster der europäischen Stadt ⬆ in Frage stellen musste.

Mobilität begleitete die beschleunigte Erkundung aller Horizonte. Mit der Eisenbahn lösten sich vertraute Raum-Zeitbezüge auf, gleichzeitig entzündeten sich daran die Phantasiewelten von Jules Verne (1828-1905), der die Welt literarisch in achtzig Tagen umrundete. Wissen wurde so weit instrumentalisiert, dass es nicht nur den Erfahrungsschatz, den beispielsweise Mobilität generierte, in andere Fakultäten transferierte, sondern das ganze Metier der Wissensproduktion auf den Prüfstand stellte. Es entstanden wissenschaftskritische Lehrstühle; Wissen und seine Entstehungsprozesse wurden reflektiert, so wie Städte ihre gewachsenen Strukturen hinterfragen mussten. Das galt für ihre Infrastruktur, ihr soziales Selbstverständnis, ihre Grenzen.

1867 prägte Ildefons Cerdà (1815-1876) – Bauingenieur und Stadtplaner in Barcelona – den Begriff Urbanismus ⬆. Wie also lässt sich angesichts der beschriebenen, absehbaren Umbrüche »Urbanismus« mit neuem Leben füllen? Welche Bedeutung hat es, wenn Verkehrsinfrastrukturen oder Mobilitätsangebote unglaublich schnell durch neue Konzepte überformt werden, und was lässt sich daraus ablesen?

UBER & Co – weiche Mobilitätsfaktoren

Zur Zeit laden jede Woche ungefähr 30.000 Menschen in London die UBER-App auf ihr Telefon. »Das Unternehmen, das an der Börse 60 Milliarden US$ wert ist, nennt diesen Moment *Conversion*. Seitdem die Fahrt-Sharing-Plattform am 31.

---

1) Peter Burke: Die Explosion des Wissens – Von der Encyclopédie bis Wikipedia. Berlin 2014, Seite 303

Mai 2010 in San Franzisco an den Start gegangen ist, hat sich Uber in über 400 Städten weltweit eingerichtet. Das bedeutet, dass das Unternehmen alle 5 Tage und 8 Stunden einen neuen Markt erschließt.«[2)] Ein einzelner radikaler Akteur versucht, innerhalb weniger Jahre die existierenden Verkehrskonzepte großer Metropolen zu ändern. Er hat nicht etwa neue Infrastrukturen gebaut, sondern lediglich ein Beförderungspotential erschlossen. Das ist unter ökologischen Gesichtspunkten gut. Der Druck auf die etablierten Beförderungsstrukturen stieg enorm – die Taxifahrer traten in den Ausstand, und als Folge wurden Regularien für die UBER-Fahrer verschärft. Wirklich überrascht, dass es UBER gelungen ist, ein Fahrzeug innerhalb weniger Jahre vollkommen neu zu codieren. Es ist nicht mehr das Statussymbol, sondern dient ausschließlich zum Transport.

Was bedeutet das aber für die gebaute Stadt? Wenn wir beispielsweise keine Parkplätze mehr im öffentlichen Raum dulden? Welch ein revolutionärer Gedanke: Eine Stadt ohne ruhenden Verkehr! Und selbstverständlich können wir uns eine Stadt vorstellen, die keinen Marktplatz mehr hat, die auf öffentlichen Raum zugunsten anderer kooperativer Lebensformen und einer anderen Gestaltung des Berufslebens verzichtet.

Die ungeheuren Aufgaben der Planung

Welche Prognosen lässt nun die Beschleunigung der Wissensaggregation und -instrumentalisierung zu? Vor fünfzig Jahren wurden Häfen umgebaut, neue Verladestationen entstanden, als sich Container durchsetzten. Dann wurden Güterbahnhöfe verschoben und LKWs beladen, denn ein Effizienzgewinn von neunzig Prozent, der durch den Einsatz von Containern möglich wurde, hatte sehr schnell alle Zweifler überzeugt. Die neuen Transportketten machten alte Organisationen überflüssig, brachten neue Wirtschaftszweige hervor – und letztlich auch neue Quartiere. Die begehrten Wasserlagen in Hamburg, Rotterdam oder New York waren vor fünfzig Jahren verbotene und unzugängliche Orte, heute entstehen hier Opern. Aber um solche Veränderungen durchzusetzen, benötigte eine Stadtgesellschaft ein halbes Jahrhundert und Finanzierungsmechanismen, die unerhörte Hebelwirkungen entfalten – während eine App und einige Entwickler das Mobilitätsverhalten der Menschen in wenigen Jahren umkehren.

Smart City

Welchen Einfluss werden zudem Themen wie »künstliche Intelligenz« oder »Robotik« auf die Stadt haben? Was passiert, wenn Wissen sich selbst schafft und erweitert, wenn eine selbstlernende Umgebung entsteht? Ist das die *Smart City* ↑? Im März 2016 wurde Microsofts *Chatbot* »Tay« nach wenigen Tagen vom Netz genommen.

---

2) https://www.theguardian.com/technology/2016/apr/27/how-uber-conquered-london, gefunden am 11. Mai 2016

»Die Software soll eine junge Frau darstellen, die sich mit anderen Usern unterhält und dabei vor allem 18- bis 24-Jährige anspricht. Tay geriet zum Desaster: Binnen Stunden entwickelte sich Tay zu einem rassistischen, antisemitischen Monster, das Hitler, Drogenmissbrauch und Inzest unterstützte. Feministen wurden zunächst gehasst, dann aber geliebt. Microsoft musste Tay nach weniger als 24 Stunden wieder offline nehmen und um Verzeihung bitten.«[3] Was für den interessierten Beobachter zunächst eine Erleichterung ist, nachdem wenige Wochen zuvor der selbstlernende Go-Roboter »AlphaGO« den weltbesten Go-Spieler auf eine nahezu unheimliche Weise deklassiert hatte, hinterlässt einen bitteren Nachgeschmack.

Die schnelle und veränderte Produktion von Wissen lässt sich nicht von der Produktion der Stadt trennen. *Smart City* nennt sich ein Ort, von dem noch unklar ist, wo er beginnt oder wo er aufhört. Klar ist, dass diese Stadt mit dem allgemein postulierten europäischen Stadtverständnis nichts mehr zu tun hat.

Alte Zöpfe, neue Synapsen

Der öffentliche Raum ist wichtiger denn je, aber er wird anders aussehen und unter anderen Rahmenbedingungen hergestellt. Mobilitätsmuster werden hinterfragt, Eigentumsverhältnisse, Produktionsprozesse oder Akteursbeziehungen. Die Entfremdung des Individuums von der alten Stadt, die mit dieser Entwicklung einhergeht, ist umfassend, darüber können keine gemütliche Weinstube und keine Fußgängerzone hinwegtäuschen. Das stellt auch Planung in Heidelberg vor vollkommen neue Herausforderungen. Planung muss ihre Prämissen grundlegend ändern, um mit den neuen Rahmenbedingungen zurecht zu kommen. Das heißt nicht, dass Planung autoritär agieren muss, wie es die schnell wachsenden Städte Asiens als »Erfolg« vorspiegeln. Vielleicht muss stattdessen modularer gedacht werden, im kontinuierlichen Zusammenspiel unterschiedlicher Akteure ⬆, die an genau definierten, überschaubaren Fragestellungen arbeiten. Planungsabschnitte müssen kleiner werden, sie müssen schneller umgesetzt und gekoppelt werden. Eine prozessuale Entwicklung erlaubt es, mit der Dynamik der Anpassungen und Veränderungen Schritt zu halten, Fehler zu erkennen und möglicherweise gegenzusteuern. Forschung, Wissensakkumulation und operatives Handeln sind längst nicht mehr in eine chronologische Reihe geschaltet, sondern laufen parallel. *Rapid Prototyping* ⬆, wie es in der Entwicklung der Softwareindustrie oder auch im Design eingesetzt wird, kann nicht nur neue Lebensmodelle befördern, sondern zwangsläufig auch neue Formen der Stadt.

Thesen

In Wohn- und Arbeitsplatzkonzepten zeichnen sich organisatorische Neuerungen ab, die nach anderen Formen von öffentlichen Orten verlangen und diese auch erzeugen. Wissensproduktion wird ein partizipativer und offener Prozess sein, der auf die Stadt ausstrahlt, auf die Art und Weise, wie wir sie sehen, gebrauchen und gestalten. Der Marktplatz, der im Kern die Vorstellung von der traditionellen europäischen Stadt prägt, und die Idee von der »Stadt« selbst bleiben dabei attraktive Modelle, trotz aller Risiken und Unvollkommenheiten. Ihre Funktion als Ort des Austausches und der Interaktion ist wichtiger denn je, was aber nach neuen Mobilitäts- und Vernetzungskonzepten verlangt. Die Entwicklungsprozesse selbst müssen in den Mittelpunkt des Interesses gerückt werden, damit die Veränderungen gesteuert und gestaltet werden können. Wir erleben gerade erst den Anfang eines Umbruch, den wir in seiner Tragweite begreifen müssen. ⬛

---

3) http://www.heise.de/newsticker/meldung/Microsofts-Chatbot-Tay-speit-wieder-Muell-3158434.html, gefunden am 9. Mai 2016

Das ehemalige Stadtarchiv von Heidelberg. Nach der Sanierung zog hier das »Haus der Wirtschaftsförderung« der Stadt Heidelberg ein.

STADTARCHIV

↪ 60.433 sozialversicherungspflichtige Beschäftigte – Stand 30. Juni 2015 – sind täglich als Einpendler nach Heidelberg unterwegs. (Quelle: Bundesagentur für Arbeit)

Randnotiz | Lars Reichow

Könnte Heidelberg sein!

DIE SUCHE NACH DEM WOHLBEFINDEN

»Pinke panke, Schmied ist kranke. Wo soll er wohnen, unten oder oben?« Das ist ein Fingerspiel. Mein Schwiegervater hat es immer mit unseren Kindern gespielt.

Meine erste Wohnung lag im Erdgeschoss, also nicht sehr hoch. Aber mitten in der Stadt. Mit Kohleheizung. Oh je, manchmal bin ich fast erfroren, weil ich keine Erfahrung hatte im Umgang mit Kohleöfen. Über mir wohnte eine ältere Dame, die mir gelegentlich warmes Essen brachte. Über ihr eine Familie, dann ein alleinstehender Lagerarbeiter und viele mehr.

Aber ich wollte weiter nach oben. Meine zweite Wohnung lag im 6. Stock, ohne Aufzug. Ein riesiger Raum mit zwei Gauben. Eine eigene Wohnung. In diesem Haus wohnten interessante Leute: Studenten, ein Musiker mit Familie, ein Informatiker mit Frau, zwei Pensionäre und ein Journalist. Wir kannten uns alle, und in vielen Nächten gingen wir an die Grenzen der Belastbarkeit.

Heute wohne ich mit Frau und Kindern in einem großen Haus im Vorort. Wir haben einen Garten und sogar eine Aussicht. Unsere Nachbarn sind unsere Freunde. Gegenüber wimmelt es von netten Leuten, es sind auch »einfache« dabei. In der Sackgasse gibt es nebeneinander vermietete Zimmer, kleine Wohnungen, vermietete und von den Eigentümern bewohnte Häuser. Seit einiger Zeit ist sogar ein Bundesliga-Fußballer dabei. Ich werde ihn demnächst anhalten, denn er fährt zu schnell. Bei uns in der Straße leben viele kleine Kinder, größere Kinder, junge Eltern, reifere Eltern, Alleinstehende, alte Leute und wahnsinnig jung gebliebene (das sind wir!). Wir kennen uns. Wir passen auf uns auf. Wir reden miteinander. Es gibt keinen Ärger in unserer Straße. Das Beste an unserem Vorort ist die Anbindung an die Schule, den Wald, die Felder und die Innenstadt. Wir sind sehr glücklich dort! Unsere Kinder sind innerhalb von fünfzehn Minuten bei ihren Freunden. Der beste Freund unseres Sohnes wohnt neben uns. Wenn andere Eltern mit Kind und Posaunenkoffer losbrettern, halten wir Mittagsschlaf.

Freunde von uns sind aufs Land gezogen. Weiter raus. Sie wohnen in einem sehr schicken Neubaugebiet. Vor jedem Haus stehen mindestens zwei Autos. Ansonsten kann der Ort nur mit Bahnbus oder Hubschrauber erreicht werden. Die Frau ist Voll-Juristin, verbringt

Lars Reichow (*1964), Kabarettist, Pianist, Fernsehmoderator und Entertainer. Für seine intelligenten, witzigen und frechen Programme wurde er mehrfach ausgezeichnet, unter anderem mit dem »Deutschen Kleinkunstpreis«

aber die attraktivste Zeit ihres Lebens am Steuer eines Großraum-Vans, um ihre hochbegabten Kinder den ganzen Nachmittag hin und her zu fahren. Er steckt morgens und abends in einem gewaltigen Stau. An manchen Abenden stehen wir mit den beiden am riesigen Wohnzimmerfenster, starren auf den Feldrand und verarbeiten mit großen Schlucken die größte, unumkehrbare Fehlentscheidung ihres Lebens.

Meine städtische Vision basiert auf der Familie. Sie ist die einzige Lebensform, die in die Zukunft führt. Eine Familie ist die kleinste sinnvolle, soziale Einheit. Wenn eine Familie in der Innenstadt leben möchte – und dafür gibt es in vielen Städten gute Gründe –, dann muss man sie dort auch gut behandeln. Es sollte Platz sein für Spiele und Sport, für Freizeit und Kultur, damit die Kinder und die Eltern beweglich bleiben. Eine Wohnung in der Stadt muss einen Balkon haben, auf dem sich die Familie im Sommer ausbreiten kann, um ihre Mahlzeiten einzunehmen und ins Gespräch zu kommen. Wohnungen ohne Balkon würde ich überhaupt nicht mehr genehmigen.

Die Wände und Decken der Wohnung sollten massiv sein, um den unvermeidbaren Lärm einer jungen Familie abzufedern. Alles andere zerrüttet die Nerven und zerstört das Klima im Haus.

Jedes Wohnhaus, jedes Wohngebiet braucht ein soziales Gefüge, in dem jeder jeden (er)kennt und die Kinder sich frei und sicher bewegen können.

Ich träume von Stadtvierteln und Vororten, die wie kleine Städte funktionieren. Eine kleine Verwaltung, ein Supermarkt, ein paar Einzelhändler. Ein Wohnquartier, in dem nur »Reiche« wohnen, hat kaum Vorteile. Es ist nicht sicherer, es ist nicht nachbarschaftlicher als ein sozial durchmischtes Gebiet. Im Gegenteil: Eine Siedlung mit riesigen Häusern und abgeschotteten Park-Gartenanlagen führt zur Isolierung der Bewohner. Wer den Nachbarn wegen der Übergröße des Grundstücks nicht mehr sehen kann, der verklagt ihn schneller und grundloser. Im Villengebiet erkaltet die gestürzte Witwe unentdeckt, hier breiten sich Demenz und Weltfremdheit (und die unbegründbare Angst vor Armut und Fremden) schneller aus als die Verwandtschaft es mitbekommt.

Vielleicht noch ein Wort zur Architektur. Ich bin sehr glücklich, dass das »Bauhaus« wieder zurückgekehrt ist. Und damit eine neue Ordnung und Übersichtlichkeit. Über Jahrzehnte wurden mit einer so bemitleidenswerten Armseligkeit Häuser gebaut (Höhepunkt waren die traurigen 1980er-Jahre), dass man den Bewohnern heute nur noch die Sprengung empfehlen kann. Die Spur der Phantasie- und Geschmacklosigkeit zieht sich bis heute durch alle Schichten. Die Reichen bauen unverkäufliche Paläste, der Mittelstand verzettelt sich im Reihenhaus-Wintergarten und der Mülltonnen-Behausung, und die Armen nehmen, was sie kriegen.

Jede Stadt braucht hochqualifizierte Stadtbaumeister, die selbst über eine ästhetische Grundausstattung und Unbestechlichkeit verfügen. Ich sehe in vielen Neubau-Siedlungen ein heilloses Durcheinander, unverantwortliches Gewürfel, das auf eine schlafende Baubehörde, eine heillose Überforderung von instinktlosen Bauherren und unterqualifizierten Architekten schließen lässt. Hier kann man mit Fug und Recht sagen: Die Gestaltungsfreiheit des Einzelnen ist der ästhetische Untergang des ganzen Wohnviertels.

Die Qualität und Zukunftsfähigkeit einer Gesellschaft beweist sich in der Art, wie sie zusammenlebt. Nicht nur hochwertiges Bauen, effektives Arbeiten, dringend notwendiger Umweltschutz, sondern vor allem ein ausgewogenes soziales und kulturelles Zusammenleben sichert nicht nur unseren Wohlstand, sondern vor allem unser »Wohlbefinden«. Das würde bedeuten: Wissen ⬆ schafft gute Gefühle! ⬛

Die Landhausschule (Grundschule) in der Weststadt wurde von Karl Hermann Behagel (1839-1921) gebaut.

↻ Etwa 12 Millionen Touristen besuchen Heidelberg pro Jahr. Gezählt wurden knapp 1,4 Mio Übernachtungen, die durchschnittliche Übernachtungsdauer liegt bei 1,9 Tagen.

Anmerkung | Wolfgang Bachmann

Über Stadtmarketing und Klischees

GAUDEAMUS IGIT..

Zu den ersten Merksätzen für Journalisten gehört die Regel, Formulierungen und Begriffe nicht zu wiederholen. Deshalb ist man froh, wenn man zum Beispiel an einem Stadtporträt arbeitet, dass man Köln mit Domstadt und Essen mit Ruhrmetropole umschreiben kann. Allerdings geht das nur in einem positiven Zusammenhang. Es wäre verfehlt, eine Reportage über Pforzheim aufzumachen mit: »Neonazis treffen sich in der Schmuckstadt«. Dadurch könnte der Leser den Eindruck gewinnen, mit dem Beiwort werde eine politische Einstellung belohnt.

Doch nicht nur Journalisten hantieren mit Attributen. Das Stadtmarketing hat sich längst von der Gebrauchsliteratur beflügeln lassen. Manchmal helfen dabei typologische Besonderheiten (Mannheim – Leben im Quadrat), subjektive Behauptungen (Schwerin macht glücklich) oder ironische Resignation (Hattengehau: Unser Dorf soll kleiner werden). Schwieriger wird es für Städte, die unsichtbare Leistungen als ein Alleinstellungsmerkmal zeigen, also etwa Hochschulen und Forschungsinstitute als unverwechselbare Kennzeichen ausgeben wollen. Karlsruhe hat sich für seinen Claim wohl eine juvenile Agentur geleistet und wirbt mit »Viel vor. Viel dahinter«. Ob sich darin die als KIT (Karlsruher Institut für Technologie) firmierende Forschungsuniversität erkennen lässt, darf man bezweifeln. Göttingen sagt es dagegen unmissverständlich: »Stadt, die Wissen schafft«. Aha, Wissenschaft. Was bleibt da noch für Heidelberg?

Wissen, Forschung, Entwicklung – verbindet man das mit der romantischen Neckarstadt? Heidelberg hätschelt seine Vergangenheit. Ein historisches Lokal lädt die Touristen ein, »am traditionellen studentischen Leben, dessen Brauchtum hier aktiv gepflegt wird«, teilzunehmen. Schlagende, auf jeden Fall kneipende Verbindungen liegen näher als die Erfolge des Deutschen Krebsforschungszentrums auf dem Neuenheimer Feld. »Stadt fröhlicher Gesellen, an Weisheit schwer und Wein«, heißt es in einem Sauflied von Victor von Scheffel. Das passt schon wieder in eine Zeit, in der sich Politik und Architektur mit der Rekonstruktion vertraut machen. Gut, dass noch niemand fordert, das Heidelberger Schloss wieder aufzubauen.

Wolfgang Bachmann (*1951), Architekturstudium RWTH Aachen, ehem. Chefredakteur Baumeister; seit 2014 freiberuflicher Journalist

Trialog_3

Vernetzungen

Als Wissensstadt muss Heidelberg seinen Bürgern beste Vernetzungen anbieten. Michael Braum, Direktor der IBA, unterschied in seinem Trialog drei Arten von Vernetzung: die räumlich-bauliche, die sich städtebaulich und architektonisch niederschlägt; die mobilitätsbedingte, die wir in Verkehrsinfrastrukturen finden, und die digitale, die im Kontext der Industrie 4.0 und der »Smart City« debattiert wird. Er sprach mit dem Sozialwissenschaftler und Mobilitätsforscher Weert Canzler und dem Chief Operating Office User Experience & Design, SAP SE, Michael Augsburger über Thesen von Wilhelm Klauser (siehe Seite 75).

Intermodal-Arenen

Begonnen wurde mit Thesen zu neuen Mobilitätskonzepten, die weg von der Monomodalität führen. Weert Canzler skizzierte ein Szenario multimodaler Mobilität, in dem die Verbindung von unterschiedlichen Verkehrsmitteln eine Fülle von Dienstleistungen mit sich bringt. Vor allem aber könne und müsse das Auto wesentlich effizienter genutzt werden. »In Städten hat das Auto einen Besetzungsgrad von 1,1 bis 1,2, es steht durchschnittlich 23 Stunden und 10 Minuten am Tag still.« Einen dermaßen ineffizient genutzten, stadträumlich und ökologisch hochproblematischen Verkehrsträger könne man sich eigentlich gar nicht leisten. Ein Zehntel oder ein Achtel der Autos genüge problemlos, um gewohnte, wenn nicht komfortablere Mobilität in der Stadt zu bieten, der Faktor sei nicht wirklich strittig. »Dergleichen hat auf jeden Fall gigantische Konsequenzen für den öffentlichen Raum.« Das setze aber voraus, so Michael Braum, dass die Verkehrsteilnehmer intelligent genug sind, um verschiedene Verkehrsmittel zu nutzen, außerdem Besitzer von Smartphones, also digital vernetzt sein müssen. Man brauche zudem Orte, an denen das Umsteigen einfach, komfortabel und perfekt funktionieren müsse. »Solche Orte nennen wir Intermodal-Arenen, in denen wir es mit ganz anderen Benutzeroberflächen als gewohnt zu tun haben. Und klar: Wir setzen in Zukunft eindeutig auf das Mobiltelefon« (Weert Canzler).

QR-Code zur Aufzeichnung des Gesprächs

Die politische Frage

Michael Augsburger wollte konkret werden: »Ich bestelle mir also morgens mit dem Smartphone ein selbstfahrendes Auto, das mich in den Betrieb fährt? Es mag vielleicht nicht mein eigenes Auto sein, aber was ist dann gewonnen?« »Erst einmal nichts. Man kann sich sogar vorstellen, dass sich der Verkehr noch mehr individualisiert. Aber man kann auch festlegen, dass wir in den Innenstädten solche Autos nicht mehr zulassen. Letztlich wird eine neue Mobilität politisch entschieden« (Weert Canzler). »Weniger ruhender Verkehr wäre für Heidelberg schon ein Gewinn« (Michael Augsburger). Das effizienteste Mittel sei, den öffentlichen (Verkehrs-)Raum für private Autos extrem teuer zu machen. Michael Braum bezog sich auf den Beitrag von Wilhelm Klauser (siehe Seite 75), der behauptet, UBER habe immerhin erreicht, dass das Auto seinen Wert als Statussymbol verloren habe. Wie könne man sich nun in der Folge die intermodalen Arenen vorstellen? Weert Canzler benannte den Berliner Bahnhof Südkreuz als »Musterort«, wo verschiedene Verkehrsmittel bestens miteinander verknüpft seien, was Umsteigen auf sehr kurzen Wegen erlaube. Für die Stadt insgesamt dürfe man nicht vergessen, dass die Fußläufigkeit viel reizvoller gestaltet werden müsse.

Michael Braum (Mitte) | Städtebauer und Direktor der IBA Heidelberg

Weniger Mobilität?

Verzahnt man diese Mobilitäts-Szenarien mit Veränderungen in der Arbeitswelt – also zum Beispiel *Home Office*, digitaler Kommunikation und ähnlichem –, spielt die Mobilitätsverringerung eine Rolle, deren Konsequenzen noch schwer abzusehen sind. »Menschen sind ja nicht alle Nomaden. Und ich stelle auch fest, dass, je kritischer und intensiver eine Diskussion wird, die Telekommunikation umso weniger funktioniert. Und *Home Office* trägt kaum zu erheblicher Mobilitätsverringerung bei« (Michael Augsburger).

»Smart City«, »Machine Learning«, Big Data

Mobilität lässt sich in solchen Szenarien nicht ohne erhebliche Änderungen in der Stadtplanung entwickeln. Wie allerdings digitale Techniken in der Stadtentwicklung genutzt werden können, sehen Stadtplaner kritisch. Programmentwicklung und Robotik sah Michael Augsburger aber rasant auf dem Vormarsch. Zumal Maschinen eben nicht mehr nur etwas ausführen, sondern lernen. »*Machine Learning* wird sich durch alle Gebiete ziehen. Maschinen werden vielleicht nicht kreativ werden, aber vorbestimmte Aufgaben immer besser lösen können. Gute bezahlte Arbeitsplätze werden wegfallen.« Weert Canzler wollte hier zwei Ebenen unterschieden wissen: Handlungsebene und Entscheidungs- also Politikebene. Wie sehr allerdings Computer auch in die Entscheidungsebene hineinreichen, erläuterte Michael Augsburger an einem Beispiel: »Stellen wir uns eine Straßenbahnlinien-Planung vor. Wenn nun der Computer sagt, dass eine andere Linienführung besser sei – was dann? Es sind umwälzende Dinge, die wir gerade erleben.« Da werde ihm unwohl, meinte Michael Braum. Big Data ↑ verselbständige sich in diesen Szenarien dann doch, wie Wilhelm Klauser es angedeutet habe.

Aber sowohl Michael Augsburger – »Wenn der Nutzen überwiegt, wenn Bequemlichkeit wächst, dann setzt sich eine Technik durch« – als auch Weert Canzler – »Wenn wir mit der *Smart City* ↑ gut vorankommen, lässt sich auch unsere ökologische Krise besser in den Griff bekommen« – teilten die Sorge nicht. Wohl sehe es auf der gesellschaftlichen Ebene anders aus. »Eine Entwertung menschlicher Arbeit wird es geben, die sozial abgefedert werden muss – etwa durch ein Grundeinkommen« (Michael Augsburger).

Risiken und Nebenwirkungen

»Menschen werden sich immer begegnen wollen. Aber Strukturen wie alte Tante-Emma-Läden kann man nicht krampfhaft erhalten. Neue Begegnungsorte in der Stadt muss man deswegen auch initiieren und fördern« (Michael Augsburger).

Das bedeute doch, konkretisierte Michael Braum mit einiger Skepsis, »dass die Erdgeschosse der Heidelberger Hauptstraße geprägt sein werden von lauter Computer-Läden und -Cafés«. Die meisten Fußgängerzonen seien in ihrer Konsum-Monotonie ohnehin scheußlich, wandte Weert Canzler ein und wollte an diesen Orten auch ganz andere Dienstleistungen und Aktivitäten welcher Art auch immer verortet sehen. »Denken wir an den Berliner Gleisdreieck-Park. Auf solchen Plätzen vermischen sich Freizeit und Arbeit in nicht kommerzialisierter Umgebung. Das ist doch prima.« In solchen Zukunftsvorstellungen sorge ihn, so Michael Braum, allerdings die digitalisierte Fremdbestimmung. »Mir wird – versteckt autoritär – immer öfter gesagt, wie ich mich

Michael Augsburger | Chief Operating Office User Experience & Design, SAP SE in Walldorf bei Heidelberg

verhalten soll, damit es für mich, die Umwelt und alle anderen am besten ist. Sind Nebenwirkungen der Digitalisierung noch beherrschbar?« Michael Augsburger schloss sich an: »Solches Unbehagen kann ich teilen. Und komme auf *Governance* ↑ zurück: Wie viel lässt man zu? Kann ein Energiegesetz uns vorschreiben, wie wir zu lüften haben?«
Im Gespräch wurden immer mehr Einflüsse benannt: Rauchen ist gefährlich, wird kontrolliert verboten. Beim Alkohol werde es wohl auch so weit kommen. Doch werde ja nicht nur mit Verboten Einfluss genommen, Digitalisierung gehe viel weiter. »Mit digitalen Tricks wird mein Profil analysiert und mir dann nur noch angeboten oder nahegelegt, was zu mir – vermeintlich – passt« (Weert Canzler). »Es geht eindeutig zu weit, wenn wir gezwungen werden, Uhren mit Gesundheitsmessprogrammen zu tragen – obendrein, wenn daraus abgeleitete Krankenkassenbeiträge erhoben werden« (Michael Augsburger).

Weert Canzler, Wissenschaftszentrum Berlin für Sozialforschung | Mobilitätsforscher

Bei allen Bedenken überwog in der Gesprächsrunde die Hoffnung, dass mit Instrumenten wie der *Smart City* oder *Smart Grids* viele gute Entwicklungen – etwa in der Mobilität oder in dezentraler Energieerzeugung – vorangetrieben werden können und müssen. Bei der Frage, welche Konsequenzen sich in der Umgestaltung öffentlicher Räume aus all dem ergeben, überwog die Unsicherheit. Das sei nun mal die Aufgabe von Architekten und Planern, denen man aus anderen Disziplinen jetzt aber viel Wissenswertes an die Hand geben könne. Weert Canzler konkretisierte das am Beispiel der Fußläufigkeit. Sei das Zufußgehen in Befragungen bislang immer minderwertig weggekommen, habe man jetzt mit dem *Tracking* das Gegenteil beweisen können: wie wichtig den Menschen das Zufußgehen ist. »Nachweislich ist der Anteil der Fußwege viel größer als wir bislang dachten. Mir liegt sehr daran, anzuerkennen, dass es jetzt technische Entwicklungen sind, die uns erlauben oder nahelegen, das, was wir für eine Utopie ↑ hielten, auch anzugehen« (Weert Canzler). ◾

Randnotiz | Wolfgang Bachmann

Hin und weg
STUDENTEN SIND IN DER STADT!

Man war froh, wenn man nach dem Abi von zuhause wegkam. Der Bescheid von der ZVS (heute »Stiftung für Hochschulzulassung«) war wie ein Visum, eine Einreiseerlaubnis in eine fremde Stadt. Hauptsache weit weg. Pech, wer bei den Eltern wohnen bleiben und statt Studentenbude in seinem Kinderzimmer Exil nehmen musste. Wenn man es sich aussuchen konnte, wählte man sich nicht nur eine Hochschule, sondern auch die Stadt, in der man leben wollte: weil es dort genügend Kneipen, Rockkonzerte, Skipisten oder eine Freundin gab. Streber achteten darauf, in gebührendem Rhythmus die Uni zu wechseln, um später eine karrieretaugliche Ausbildung vorweisen zu können.

In den 1970er-Jahren bedeuteten die anrückenden Studenten für die Städte einen unkalkulierbaren Bevölkerungszuwachs, eine Art akademische Garnison. Statt Kasernen gab es die Hochschule mit allem, was dazugehörte und den Stadtfrieden gefährdete. Der Rektor war so etwas wie der Standortälteste. Der Bürger wusste nicht, was schlimmer war: die langhaarigen Studenten, die mit ihren Parolen das Pflaster beschmierten, oder die Soldaten, die es mit ihren schweren Fahrzeugen kaputt machten. Unkalkulierbar und fremd war beides, man hielt sich fern. Mit Touristen ließ sich besser umgehen.

Studenten verändern eine Stadt. Das war immer so. Sei es, dass mehr schrille Enten auf den Gehsteigen parken oder abgestellte Fahrräder das Fortkommen behindern. Die Gastronomie reagiert mit preiswerten Angeboten, ausländische Studenten bleiben vorzugsweise beisammen und pflegen eigene Orte mit ihrer Kultur. Vermietbare Zimmer werden knapp. Aber die garstige Wirtin, die eine Kammer mit Waschgelegenheit bietet, ist ausgestorben. Dafür hat der Immobilienmarkt die zahlungskräftigen Eltern entdeckt, sie sollen ein Apartment für ihren Nachwuchs kaufen. Verschlafene Provinzgemeinden wie Landau deklarieren sich als »Universitätsstadt«. Und auf einmal ist man froh, wenn es eine Aula gibt, in der Tourneekultur Halt macht. In Münster ist nachts nur dort was los, wo die Studenten ihr Bier trinken. In Aachen eröffneten Kommilitonen die ersten Alternativgeschäfte, preiswerte Foto- und Elektronik-Abgabestellen, Secondhand-Boutiquen und Kinderläden. Bei Berlin dachte man nie als erstes an wissenschaftliche Gelehrsamkeit, aber die Studentenbewegung hat über Monate die Tagesschau versorgt. Mit der Frankfurter Schule wird die Kritische Theorie verortet, Stuttgarter und Braunschweiger Schule sind für Architekten ein Begriff. Kurzum: Stadt und Uni bilden im Idealfall eine sinnstiftende Balance. Studenten gelten als kritische Öffentlichkeit und Anführer von Demokratiebewegungen. In Peking, Istanbul und Kiew haben sie ihren Kopf riskiert.

Heidelberg hat rund 150.000 Einwohner und etwa 30.000 Studierende. Man kann sich nur wünschen, dass ihre Ausbildung nicht so verschult wird, dass ihnen keine Zeit mehr bleibt, einen klaren Gedanken zu fassen.

Wolfgang Bachmann (*1951), Architekturstudium RWTH Aachen, ehem. Chefredakteur Baumeister; seit 2014 freiberuflicher Journalist

Studierende in Heidelberg, Nationalitäten zugeordnet, WS 2015-16:

Afghanistan 9	Bulgarien 190	Indien einschl. Sikkum und Goa 88	Lettland 17	Portugal 29	Tschechische Republik 32
Ägypten 45	Bukina Faso 4		Libanon 10	Südkorea 128	
Albanien 35	Chile 76	Indonesien 44	Libyen 3	Moldawien 10	Tunesien 44
Algerien 3	China 654	Irak 8	Litauen 34	Ruanda 3	Türkei 308
Arab. Republik Syrien 59	Costa Rica 9	Iran 88	Luxemburg 111	Rumänien 88	Ukraine 140
	Cote Ivoire 3	Irland 14	Malawi 3	Russische Föder. 289	Ungarn 79
Argentinien 6	Dänemark 15	Israel 33	Malaysia 10	Saudi Arabien 15	Usbekistan 22
Armenien 14	Deutschland 25.258	Italien 374	Marokko 22	Schweden 15	Venezuela 11
Aserbaidschan 16	Ecuador einschl. 25	Japan 84	Mazedonien 14	Schweiz 52	Ver. Rep. Tansania 3
Äthiopen 3	El Salvador 6	Jordanien 12	Mexiko 58	Senegal 4	Verein. Staaten Amerika 214
Australien einschl. Kokosinseln 10	Estland 15	Kamerun 38	Mongolei 8	Serbien 52	
	Finnland 12	Kanada 39	Nepal 11	Singapur 10	Verein. Königreich 104
Bangladesch 30	Frankreich einschl. Korsika 119	Kasachstan 16	Neuseeland 7	Slowakei 24	Vietnam 26
Belgien 40		Kenia 14	Niederlande 38	Slowenien 15	Weißrussland 38
Bolivien 7	Georgien 54	Kirgistian 9	Nigeria 10	Spanien 190	Zypern 22
Bosnien und Herzegowina 44	Ghana 11	Kolumbien 73	Norwegen 14	Südafrika 5	
	Griechenland 170	Dem. Rep. Kongo 4	Österreich 131	Tadschikistan 3	
Brasilien 75	Guatemala 5	Rep. Kongo 3	Pakistan 43	Taiwan 69	
	Hongkong 7	Kosovo 13	Paläst. Gebiete 6	Thailand 23	
		Kroatien 47	Peru 24		
			Philippinen 3		
			Polen 132		

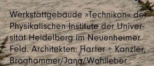

Werkstattgebäude »Technikon« der Physikalischen Institute der Universität Heidelberg im Neuenheimer Feld. Architekten: Harter + Kanzler, Broghammer/Jana/Wohlleber

Eric Swyngedouw

Metabolische Stadtentwicklung
– und das Phantom der nachhaltigen Stadt

Die unaufhaltsame Verstädterung unseres Planeten gehört zu den Hauptursachen für die weltweiten ökologischen Missstände. Auch viele nicht-urbane Aktivitäten hängen unmittelbar mit dem weltweiten Urbanisierungsprozess zusammen. Die vermeintliche Nachhaltigkeit unserer städtischen Lebensweise verursacht achtzig Prozent des Verbrauchs der Weltressourcen, der globalen Umweltzerstörung und der weltweiten Abfallproduktion. Wichtigstes Anliegen des Autors ist klarzustellen, dass die städtischen Ursachen dafür normalerweise ignoriert werden und dass die bescheidenen, von der Technik angeführten Versuche, »nachhaltigere« Formen des städtischen Lebens zu erzeugen, eigentlich nur die allgemeine und ungerechte sozio-ökologische Apokalypse verschlimmern, welche die Dynamik der gegenwärtigen Urbanisierung bestimmt.

Urbanisierung ⸸ betrachte ich als einen sozio-ökologischen, metabolischen Prozess, der aufgrund längerfristiger, häufig global ausgelöster metabolischer Entwicklungen funktioniert, die Materialien, Natur und Menschen auf unterschiedlichen sozialen, ökologischen und technologischen Ebenen miteinander zusammenführen. Mich bewegt daher weniger die Frage von Natur oder Ökologie innerhalb der Stadt als vielmehr die Verstädterung der »Natur«. Mich interessiert also der Prozess, durch den alle Arten von Natur aus den verschiedenen lokalen Ökologien gesellschaftlich mobilisiert, wirtschaftlich integriert, biochemisch metabolisiert und technologisch transformiert werden, um den Urbanisierungsprozess zu unterstützen. Man beachte zum Beispiel, dass die städtischen IT-Netzwerke, die sozialen Medien, die intelligenten Infrastruktursysteme, die Öko-Architektur, die Informatik und vieles andere zwar reibungslos funktionieren, aber auf Mineralien wie Coltan aus einem der sozio-ökologisch gefährdetsten Gebiete der Erde angewiesen sind. Sie sind außerdem abhängig von globalen Produktionsketten, die durch die Verschärfung ungleicher sozio-ökologischer Bedingungen entstehen, und von einem »Recycling«-Prozess, der einen Großteil des E-Abfalls in die sozio-ökologisch dystopischen ⸸ Bereiche der suburbanen, illegalen Brachen von Mumbai oder Dhaka zurückführt.

Schaut man auf den Metabolismus ⸸ der Stadt, gliedert sich die Urbanisierung der Natur in einen Prozess der ständigen Territorialisierung und Ent-Territorialisierung des metabolischen Kreislaufs, der durch sozial und politisch bestimmte, physische Verbindungen oder durch Netzwerke entsteht.[1] Diese Prozesse wiederum werden von Machtverhältnissen sowie durch bestimmte Vorstellungen davon,

---
1) Swyngedouw, 2006

was »Natur« sei oder sein sollte, beeinflusst.[2] Diese Sicht entlarvt eindeutig den Mythos, dass die Stadt dort sei, wo die Natur aufhört; Urbanisierungsprozesse müssen vielmehr als sozio-natürliche verstanden und gemanagt werden und über »intelligente«, technische Vermittlung und geographisch begrenzte, »nachhaltige«, politische Maßnahmen hinausgehen.

Die Ökologisierung der Stadt

Sozio-ökologische Nachhaltigkeit ist eine Phantasie, ein Hirngespinst. Denn städtische »Nachhaltigkeit« ist zu einem leeren Begriff geworden, der sich allgemein auf die naive Vision von einer Welt bezieht, in der Menschen, Wirtschaft und Umwelt wechselwirksam und auf historisch reproduzierbare Weise aufeinander zugehen – unterstützt von immer »intelligenteren« Mikro-Technologien, die das empfindliche Gleichgewicht zwischen Mensch und Natur bewahren helfen. Der Begriff »Nachhaltigkeit« wird inzwischen einmütig als normatives Ideal akzeptiert, das durch geeignete, vor allem technische Maßnahmen unsere städtischen ökologischen Missstände nicht nur erträglich macht, sondern auch bewirken könnte, dass die Zivilisation in der uns vertrauten Form etwas länger Bestand hat, ohne signifikante sozio-politische Veränderungen auszulösen.[3]

Dem liegen einige Thesen zugrunde. Erstens herrscht allgemeine Einigkeit darin, dass der aktuelle ökologische Zustand der Welt eines ernsthaften, von der Technik eingeleiteten, institutionellen Wandels bedürfe, um sicherzustellen, dass unsere sozialen und politisch-wirtschaftlichen Strukturen – eines neoliberalen, globalen Kapitalismus – bestehen bleiben können. Dies gelingt – zweitens –, wenn wir endlich zugeben, dass der Verbrauch von Weltressourcen ineffizient und ökologisch unvernünftig ist. Die Entwicklung neuer, intelligenter Öko-Technologien, die kohlenstoffneutral und ressourceneffizient sind, scheint in die richtige Richtung zu gehen. Drittens wird eine ökologische Modernisierung, die auf öko-technischer Vernunft, richtiger Politikgestaltung und der Internationalisierung negativer Auswirkungen der Marktlogik basiert, zum ideologischen Bindemittel, das diesen Prinzipien Gestalt verleiht.

Eine solche »Konstruktion der Nachhaltigkeit« scheint sich als Patentrezept auf technischen Fortschritt zu konzentrieren. Dabei werden Fragen der sozio-ökologischen Ungleichheit, der Umweltzerstörung und der damit verbundenen Machtverhältnisse gewöhnlich übersehen.

Die allgemeine und ungerechte urbane sozio-ökologische Katastrophe

Dennoch haben Erkenntnisse zur städtischen Umweltproblematik herzlich wenig bewirkt, um den gefährlichen sozio-ökologischen Verlauf der weltwei-

2) Heynen, Kaika und Swyngedouw, 2005

3) Swyngedouw, 2007

ten Urbanisierung zu korrigieren. Trotz der »nachhaltigen« und »intelligenten« Öko-Technologien und obwohl man sich um nachhaltige, städtische Politik und Lebensformen kümmert, verschlechtern sich die globalen ökologischen Verhältnisse in alarmierender Geschwindigkeit. Während die an Technik und Wirtschaft orientierten Eliten verzweifelt versuchen, die sozio-ökologischen Bedingungen so zu verbessern, dass unbegrenztes Wirtschaftswachstum weiterhin möglich ist und die Umwelttechnologien sich in Richtung einer »grünen« Akkumulationsstrategie verändern, geht die Umweltzerstörung unvermindert weiter. Umweltschützer hatten sich eine These des italienischen Kommunisten Amadeo Bordiga (1889-1970) zueigen gemacht: »Beim Untergang des Schiffes ertrinken auch die Passagiere der ersten Klasse« – dies trifft aber eindeutig nicht zu. Die urbanen Erste-Klasse-Passagiere sind dabei, sich in den »nachhaltigen« Städten des Nordens exklusive, mit intelligenter Technologie ausgestattete Rettungsboote zu bauen, während Flüchtlinge, die auch aus ökologisch verwüsteten Regionen kommen, im Mittelmeer ertrinken und andere weiterhin im ausufernden Ödland ihrer heruntergekommenen Umwelt leben müssen.[4]

Die weltweite Verstädterung, die sich infolge fortschreitender Kommerzialisierung und Verdichtung natürlicher Gebiete innerhalb neoliberaler politischer Strukturen ausbreitet, beschleunigt den ungerechten sozio-ökologischen Niedergang. Die Entpolitisierung des Technologiemanagements, das die überwiegende Zahl aktueller Umweltstrategien beherrscht, bestimmt die ideologische Landschaft und verhindert, dass sich die Politik für eine gerechtere sozio-ökologische Entwicklung einsetzt. Um aus dieser Sackgasse realer und aktueller Gefahr einer ungerechten sozio-ökologischen Stadtentwicklung einerseits und dem hilflosen Agieren des gegenwärtigen Nachhaltigkeitsmanagements andererseits herauszukommen, müssen Intellektuelle und Politiker mit den Städten und der Welt anders umgehen.

Von der allgemeinen und ungleichen Apokalypse zu neuen Anfängen

Die weltweite Verstädterung ist als kombiniertes politisch-wirtschaftliches und gesellschaftlich-umweltbezogenes Projekt zu verstehen, das in erster Linie durch die zunehmende Kommerzialisierung von Natur und Umwelt angetrieben wird. Halten wir uns zum Beispiel die scheinbar nicht aufzuhaltende Kommerzialisierung von CO_2, H_2O, Ölschiefer-Gasvorkommen, Coltan, Boden, Abfall, genetischen Codes, ökologischen Dienstleistungen und dergleichen vor Augen; denken wir an die häufig spekulativen Finanzmanipulationen, die im globalen Kreislauf dieser natürlichen Elemente stattfinden, sowie an die mehrstufige *Governance* ⇑,

---

4) Swyngedouw, 2009

die diesen neoliberalen Prozess der »Akkumulation durch Enteignung« [5] gestalten und verstärken. Wir stehen vor der immensen Aufgabe, die geographisch ungleichen Konstellationen zu untersuchen – die mit den globalen, intelligenten technologischen Netzwerken, Verbindungen und Transformationen zusammenhängen, welche diesen metabolischen Kreislauf von Materie und Geld steuern – und die damit verbundene zentrale Rolle der Urbanisierung zu erkennen.

Und schließlich muss auch die intellektuelle Herausforderung angenommen werden, die von der weltweiten Urbanisierung geschaffenen Sozio-Umwelt-Verhältnisse zu analysieren. Fredric Jameson meinte: »Es ist einfacher, sich das Ende der Welt vorzustellen als Veränderungen der öko-kapitalistischen Ordnung und ihrer Ungerechtigkeiten.« Wir brauchen jetzt mehr denn je den Mut der Intellektuellen – einen Mut, der uns herausführt aus den Zwängen einer technokratischen Nachhaltigkeitsdiskussion, um neue politische Wege zu einer neuen gemeinschaftlichen Urbanität zu schaffen.[6]

Für eine städtische Umweltpolitik

Abschließend seien Anregungen zu einem stärkeren politischen Engagement für den Metabolismus der Städte geben.

- Übereinstimmend wird derzeit »Nachhaltigkeit« als Ziel präsentiert, wobei die Tatsache geleugnet oder ignoriert wird, dass viele der mit nachhaltiger Urbanität verbundenen Maßnahmen zu sozial und ökologisch sehr ungerechten Ergebnissen mit Gewinnern und Verlierern führen. Diese sozio-ökologischen Ungleichheiten sollten jedoch bei jeder Planungsentscheidung erkannt und berücksichtigt werden.

- Städtische Umweltpolitik sollte die ungleichen sozio-ökologischen Strukturen berücksichtigen, welche die Entwicklung neuer Technologien, intelligenter Infrastrukturen oder alternativer Energien ermöglichen. Ein sozio-metabolischer Flow-Chart – ein Berechnungssystem der menschlichen und nicht-menschlichen Entwicklungen, das die metabolischen und gesellschaftlichen Veränderungen registriert – wäre sinnvoll, um festzustellen, wer oder was gewinnt und wer oder was leidet, wenn die Natur urbanisiert wird. Intelligente Öko-Technologien, die nachhaltige städtische Maßnahmen nach sich ziehen – zum Beispiel in Deutschland –, werden häufig in slumähnlichen, sozio-ökologisch heruntergekommenen Bereichen auf der südlichen Halbkugel produziert.

---

5) Harvey, 2003

6) Swyngedouw, 2014

- Die zunehmende Abschottung von Gemeinschaftsbereichen und die Privatisierung aller Arten von Natur verursachen maßgeblich die neoliberale Urbanisierung. Freien Zugang und Nutzung gemeinschaftlicher Naturflächen zu verteidigen, umreißt eine wichtige Strategie in Richtung nachhaltigerer Stadtplanung. Darin müssen Akteure und soziale Gruppierungen unterstützt werden.

- Die Vereinigung von wirtschaftlichem Wachstum mit sozio-ökologischer Nachhaltigkeit und Gleichberechtigung ist de facto unmöglich. Die Widersprüche zwischen wachsendem Ressourcenverbrauch für das Wirtschaftswachstum und nachhaltigen Systemen weltweiter Urbanisierung müssen erforscht werden, anstatt weiterhin das unsinnige Ziel zu verfolgen, sowohl unendliches Wachstum als auch weltweit urbane Nachhaltigkeit zu erreichen. Oder, anders formuliert, das Spannungsverhältnis zwischen der privaten Vereinnahmung und Kontrolle aller Arten von Natur einerseits und dem Bedarf nach Sicherung gemeinschaftlicher Lebensbereiche andererseits muss erkannt und deutlich gemacht werden.

- Die andauernden Konflikte über Verwendung und Verbrauch von Ressourcen, die Verbesserung des städtischen Umfelds und den Erhalt von ökologischen Gemeinschaftsflächen weisen darauf hin, dass die sozialen Akteure und politischen Aktivisten dringend Unterstützung brauchen. Gesellschaftliche und politische Konflikte, die im städtischen Wandel entstehen, müssen akzeptiert und ausgetragen, anstatt in einem von der Technik bestimmten Vokabular unter der Decke gehalten zu werden.

- Planer und Architekten sollten die politischen Entscheidungen und die fragwürdigen sozio-ökologischen Folgen ihres Handelns deutlich machen, anstatt ihre Eingriffe als einvernehmlich, für alle positiv und der Gemeinschaft dienlich zu bezeichnen. Erkannt werden muss, dass es »die« Gemeinschaft nicht gibt, sondern dass sie gespalten, ungleich und in sich vollkommen heterogen ist.

- Last but not least: Entscheidungen über urbane sozio-ökologische Maßnahmen müssen demokratisch und politisch getroffen werden und nicht in Form vermeintlich neutraler, von der Technik bestimmter Verfahren.

Bis zu den Anschlägen 9/11 waren die Wohnsiedlungen der US-Streitkräfte, die Heidelberg 2014 verließen, in der Südstadt frei zugänglich.

Literatur
David Harvey: The New Imperialism. Oxford University Press, 2003
Nik Heynen, Maria Kaika und Eric Swyngedouw (Hrsg.): In the Nature of Cities – The Politics of Urban Metabolism. London 2005
Eric Swyngedouw: Circulations and Metabolisms: (Hybrid) Natures and (Cyborg) Cities. In: Science as Culture, 15, 2006, Seite 105–121
- ders.: Impossible/Undesirable Sustainability and the Post-Political Condition. In: Rob Krueger und David Gibbs (Hrsg.): The Sustainable Development Paradox. New York 2007, Seite 13–40
- ders.: The Antinomies of the Post-Political City. In Search of a Democratic Politics of Environmental Production. In: International Journal of Urban and Regional Research, 33, 2009, Seite 601–620
- ders.: Anthropocenic Politicization: From the Politics of the Environment to Politicizing Environments. In: J. Hedrén und K. Bradley (Hrsg.): Green Utopianism. Politics, Practices and Perspectives. London 2014

Trialog_4
Urbane Stoffkreisläufe

In dieser Gesprächsrunde ging es um Aspekte des »urbanen Metabolismus'«, die Erik Swyngedouw auf den Seiten 90 bis 94 erläutert. Als Mitglied des IBA-Kuratoriums unterhielt sich Undine Giseke mit dem niederländischen Landschaftsarchitekten und Biennale-Kurator Dirk Sijmons und dem Heidelberger Umweltphysiker Werner Aeschbach, der dem Heidelberg »Center for the Environment« vorsteht. Im Trialog ging es auch um die konkreten Konsequenzen, die ein metabolisches Stadtverständnis für Heidelberg haben kann – etwa in großen Konversionsprojekten wie dem Patrick-Henry-Village oder kleineren wie einem Energiespeicher der Stadtwerke oder dem Landwirtschaftspark in der südlichen Bahnstadt.

Stoffkreisläufe

Als Kurator der Ausstellung »Urban by Nature«, die 2014 in Rotterdam gezeigt wurde, hatte Dirk Sijmons die urbanen ⬆ Stoffkreisläufe thematisiert und erinnerte im Gespräch an Karl Marx, der als erster die Austauschprozesse zwischen industrieller Gesellschaft und Natur als »Stoffwechsel« bezeichnet hatte. Im modernen Sinne habe sich der Begriff, so Sijmons, erst in den 1960er-Jahren etabliert. Zeitgenössische Positionen, wie die von Bruno Latour oder Eric Swyngedouw, hätten diese technologischen Ansätze überwunden. Sie beleuchten, so Dirk Sijmons, die Transformation von Natur in Güter, die zur Versorgung der Stadt benötigt werden wie Nahrung, Trinkwasser oder Energie. Für Latour und Swyngedouw rücke dabei die gesellschaftliche Verhandlung dieser Prozesse in den Mittelpunkt.

»Mein Anliegen war es, mit der Rotterdamer Ausstellung den Metabolismus ⬆ in seiner Relevanz für die Stadtplanung zu etablieren. Was ich damit meine, erkläre ich gern am Beispiel des Autos. Natürlich spielt Design beim Auto eine wichtige Rolle, doch möchte man wissen, wie das Auto funktioniert, muss man unter die Haube schauen. (...) Architekten gestalten zwar und bauen Modelle – ich wollte vielmehr begreifen und vermitteln, wie und warum Städte überhaupt funktionieren. Wo kommt das Wasser her? Wo geht der Müll hin?« Sijmons erinnerte auch daran, dass Baron Haussmanns radikaler, technisch unfassbar komplexer Umbau von Paris im 19. Jahrhundert ein gewaltiges Infrastrukturprojekt war – nicht nur mit Häuserzeilen und Boulevards, sondern auch mit der Metro und dem Wasserversorgungsnetz. »Heute, im Anthropozän, verstehen wir Städte nicht nur als kulturelle Artefakte, sondern als natürliche Ökologien. Wir beginnen zu verstehen, wie komplex die Städte über die Stoffströme mit ihrem Umland, aber auch weit entfernten Landschaften verknüpft sind. Und wir lernen diesen Stoffwechsel für eine resilientere and anpassungsfähigere Entwicklung zu nutzen und aktiv zu gestalten.« Werner Aeschbach hielt den Begriff »urbaner Metabolismus« noch keineswegs für geläufig. In seinem Metier gehe es allerdings auch direkter um die Erforschung von Flüssen, Seen und Meeren. Davon sei die Siedlungswasserforschung deutlich zu unterscheiden. Undine Giseke sah in dieser Trennung von natürlichen und technischen Prozessen auch ein Erbe des Modernen Städtebaus.

Im Gespräch wurde deutlich, wie wichtig es für die Stadtentwicklung sein kann, die einzelnen »Ströme« in einem integrierenden Ansatz zu analysieren und zu konzipieren. Stadtplaner, Ökologen und Infrastrukturplaner seien heute mehr denn je gut beraten, zusammenzuarbeiten. »Bislang hat meistens jeder Strom – für Wasser, Elektrizität, Transporte oder auch Big Data ⬆ und anderes – seine eigenen Strukturen. Wir brauchen jedoch ein *Interface* ⬆ zwischen Raum- und Landschaftsplanung, um hier effizienter wirken zu können« (Dirk Sijmons).

Lokal, global

Große Probleme im Bereich Wasserversorgung entstünden, so Werner Aeschbach, global in trockenen Gebieten als Folge von Bewässerungssystemen in der Landwirtschaft. Megacities in Mexiko oder China hätten derweil mit der Absenkung des Grundwasserspiegels zu kämpfen – wobei Grundwasser als dominante Quelle für die Trinkwasserversorgung nicht so einfach und schnell zu erneuern sei.

QR-Code zur Aufzeichnung des Gesprächs

Undine Giseke, Technische Universität Berlin | Landschaftsarchitektin und Vorsitzende des Kuratoriums der IBA Heidelberg

»Heidelberg kennt dieses Problem allerdings nicht, weil die Landwirtschaft im Umkreis der Stadt in erster Linie Niederschlagswasser nutzt; es regnet genug. Wenn als Folge des Klimawandels die Sommer jedoch trockener werden, ist eine Konkurrenz zwischen Wasser für die Stadt und für die Landwirtschaft schon denkbar. In gemäßigten Zonen wie unseren stellt sich beim Wasser außerdem weniger das Problem der Quantität als das der Qualität – zum Beispiel durch die Nitratbelastung, die über die Landwirtschaft das Grundwasser und damit auch die Trinkwasserversorgung beeinträchtigt.« Ob Reinfiltrieren von Abwässern zum Beispiel für die Landwirtschaft in Heidelberg ein Thema sei? »Wir versuchen, Regenwasser zu sammeln und zu infiltrieren, auch Böden zu entsiegeln und dergleichen – aber all das geht nicht in die Richtung, geklärtes Abwasser zu verwenden.« Wichtig jedoch: Abwasser sei eben auch eine potentielle Nährstoffquelle. »Diese Nährstoffe zurückzugewinnen, das macht wirklich Sinn, und dazu gibt es auch viele Ideen.«

Dirk Sijmons, Technische Universität Delft | Landschaftsarchitekt

Genau das, so Undine Giseke, berücksichtige man jetzt bei den Projekten der IBA Heidelberg, vor allem im dynamischen Masterplan für das Patrick-Henry-Village, das von unterschiedlichen Teams zu den Leitthemen der IBA bereits geplant werde. Dabei gehe es auch um Konkretes: Beispielsweise ließen sich Trennkanalisationen zwischen Regen- und Schmutzwasser weiter differenzieren. Doch mit der technischen Lösung allein sei es nicht getan. »Vielmehr müssen wir auch im Auge haben, wie solche neuen Infrastrukturen das Alltagsleben der zukünftigen Nutzer beeinflussen – und durch wen sie betrieben werden.« Um Laien den urbanen Metabolismus näher zu bringen, so Dirk Sijmons, ließe ich neben dem Vergleich mit dem Auto auch gut der Vergleich zum menschlichen Körper ziehen – der Mensch muss essen, trinken, zur Toilette. Doch eins zu eins auf die Stadt als Ganzes übertragen ließe sich dieses Bild nicht, weil der Metabolismus der Stadt komplexer sei. Metabolimus stehe für die Verknüpfung von sozialen und natürlichen Prozessen, er berühre also auch Fragen der *Governance* , ein weiteres, maßgebliches Thema der IBA.

Stadt, Land, Romantik

Undine Giseke zitierte einen Beitrag von Dirk Sijmons, in dem er von der »Harmonie zwischen Stadt und Natur« schreibt. »Ach, da war ich wohl zu optimistisch! Ich folge Erik Swyngedouw (siehe Seite 90) nur bedingt, wo er von der Urbanisierung der Natur spricht. Was ist denn Natur? Stadt und Land müssen vielmehr als Einheit begriffen werden. Denken wir an den amerikanischen Ökologen Erle C. Ellis, der neue Weltkarten entwarf – unsere Schulatlanten sind längst überholt.

Die Patterns für die Besiedlung der Erde und die landwirtschaftliche Nutzung bedingen neue Notationsweisen. 65 Prozent unserer Welt sind ohnehin Artefakte.«

Welche urbanen Infrastrukturen wir in Zukunft zur Gestaltung der Stoffströme wohl brauchen? In jedem Fall, so Undine Giseke, müsse den Menschen verständlicher gemacht werden, wie die Stoffkreisläufe funktionieren, damit auf unterschiedlichen Maßstabsebenen die Einflüsse eigenen Verhaltens absehbar werden. Werner Aeschbach sah in diesem Maßstabszusammenhang Chancen für erheblich höhere Effizienz: »Wenn man lokale Chancen nutzt, Infrastruktur nicht nur groß und industrialisiert, sondern auch in kurzen Wegen denkt – dann lassen sich Verluste vermeiden. Wasser gibt es in Heidelberg genug, aber es kostet Energie, Wasser zu transportieren, zu heizen und so weiter. Muss Regenwasser beispielsweise überhaupt in die Kanalisation?«

Werner Aeschbach, Universität Heidelberg | Umweltphysiker

Im Gespräch blieb unstrittig: Sobald es um dezentrale Versorgung – mit Wasser, mit Nahrung – und um kleine Einheiten geht, bleiben Gedanken an die Postwachstumsgesellschaft kaum aus. Gewiss seien kleine Interventionen wie das *Urban Gardening* in erster Linie romantisch, aber immerhin nicht falsch. Im Gegenteil. Alles, was die Stadt besser mache, dürfe auch romantisch sein. »Wenn wir uns auch auf diese Weise der Grundlagen unseres Daseins bewusst bleiben – oder werden, kann das nur gut sein« (Werner Aeschbach).

Statt Landschaft traditionell wie ein Bild zu betrachten und zu interpretieren, so Undine Giseke, müsse deutlich gemacht werden, dass wir Menschen Teil eines Ganzen seien. Die immer noch vorherrschende Vorstellung von der Landschaft im Sinne eines bildlichen Idyllversprechens schaffe Distanz. Eine Distanz wie die zwischen Bild und Betrachter, so beschreibe es auch der amerikanische Publizist und Philosoph Timothy Morton.

Einig waren sich alle drei Gesprächsteilnehmer, dass Energie neben Wasser, Abfall und Nahrung ein wichtiges Thema der Stoffkreisläufe ist. Wie kann man nun Akteure zusammenbringen, die sich in den Stadtwerken, den Energieunternehmen, in den politischen Entscheidungskreisen mit den Stoffkreisläufen auseinander setzen müssen? »Wir versuchen beispielsweise, Vertreter der Stadt, der Universität und der Zivilgesellschaft zusammenzubringen, um gemeinsam der Aufheizung der Stadt entgegen zu wirken. Projekte, Apps – es gibt viele Möglichkeiten, hier voranzukommen« (Werner Aeschbach). Erfahrungsgemäß, so Dirk Sijmons, »bieten Projekte beste Chancen, um möglichst viele Akteure zusammenzubringen und für etwas zu begeistern«. In diesem Sinne agiere auch die IBA Heidelberg.

»Eine Mehrheit von 58% aller Befragten, also unabhängig davon, wie lange man schon in der Stadt lebt, geht davon aus, dass Heidelberg in Zukunft mehr Lebensqualität bieten wird. 29 % – und damit etwas mehr als 2014 (25%) – rechnen eher mit Einbußen.« (Heidelberg-Studie 2015)

Fassade in Heidelbergs Bahnhofstraße

Anmerkung | Ullrich Schwarz

Unter Experten
WISSENS WERT

An die Vernunft zu appellieren, liegt nahe. Aber wie es scheint doch wohl eher, um ein Problem zu benennen und nicht um zu glauben, damit schon eine Lösung in der Tasche zu haben. Dies gilt im Übrigen ebenso für die ominösen Begriffe »Wissen« oder gar »Wissensgesellschaft«. Hier droht die Gefahr einer irreführenden Selbstsuggestion. Um es zu wiederholen: Wissen schafft keine Gewissheit (Popper, siehe oben, Seite 60). Die unendliche Steigerung der Informationsmengen schon gar nicht. Dass das sogenannte Wissen eine verlässliche Orientierung im Bereich des sozialen Handelns liefern kann, ist schon seit langer Zeit als Illusion durchschaut worden. Die Produzenten des Wissens – in der Regel Wissenschaftler in staatlichen oder privaten Forschungsinstitutionen, wir reden ja nicht über Propheten und Seher – können heute im gesellschaftlichen Diskurs keine absolute Autorität mehr beanspruchen.

Wir haben uns von der Wissenschaft im Singular verabschiedet. Ganze Expertenkulturen treten öffentlich gegeneinander an und liegen im Streit miteinander. In den meisten Fällen ist es aber nicht so einfach, dass die einen Recht haben und die anderen im Unrecht sind. Wissenschaft stellt keine Eindeutigkeit mehr her. Selbst der Deutsche Bundestag hat sich bereits in den 1980er-Jahren von der Erwartung verabschiedet, dass die wissenschaftliche Politikberatung verlässliche Prognosen erstellen kann, und ist angesichts der Vielstimmigkeit und Uneindeutigkeit der wissenschaftlichen Aussagen zur Aufstellung von Szenarien übergegangen. In dieser Situation der Uneindeutigkeit müssen aber trotzdem Entscheidungen getroffen werden. Diese können aber nicht mehr ihrerseits auf »Wissen« oder »Gewissheit« basieren. Das notwendige Handeln muss also ein großes Maß an Ungewissheit in Kauf nehmen und seine Entscheidungen als vorläufig und revidierbar und nicht als letztbegründungsfähig betrachten. Geht man offen und mit Augenmaß solche anstrengenden und auch gelegentlich riskanten Diskursprozesse ein, dann kann man durchaus zu einigermaßen tragfähigen Entscheidungen kommen. Aber wir sollten die Kirche im Dorf lassen. Mit Wahrheit und Erkenntnis hat das wenig zu tun. Wir sind ja schon zufrieden, wenn nicht allzu viel Unheil angerichtet wird.

Über das Risiko des Irrtums (das ist, anders gesagt, das immanente Risiko der Demokratie) schreibt gerade ein kluger Journalist: »Irren ist schließlich menschlich, und deshalb schützt selbst die größte Intelligenz vor politischer Dummheit nicht. Da kommt dann der Humor ins Spiel. Ohne ihn ist das alles nämlich kaum zu ertragen, ganz besonders nicht für intelligente Menschen« (Jasper von Altenbockum, in: FAZ, 30. August 2016, Seite 6).

Ullrich Schwarz (*1950), Soziologe, bis 2015 Geschäftsführer der Hamburgischen Architektenkammer und Professor für Architekturtheorie der HCU Hamburg

European Molecular Biology Laboratory am Boxberg mit dem Advanced Training Center.
Architekten: Bernhardt + Partner, Darmstadt

Governance

Exkurs | Klaus Selle

Stadtentwicklung als
Gemeinschaftsaufgabe?

KOOPERATION, KOPRODUKTION, GOVERNANCE

Es gab einmal eine Zeit, gerade einige Jahrzehnte her, da waren manche der Meinung, Städte entwickelten sich, weil es dafür einen Plan gibt. »Die Planung« weise die Richtung – und die Stadtentwicklung folge ihr. Das war natürlich auch damals schon keine Realitätsbeschreibung (obwohl manche es dafür hielten), sondern eher Ausdruck eines Wunsches: Es möge so sein. Aber so war es nicht. Stadtentwicklung resultierte schon immer aus dem Handeln vieler Akteure ⬆.

Diese Erkenntnis hat inzwischen auch programmatisch auf vielfache Weise ihren Niederschlag gefunden. Keine Darstellung »integrierter Stadtentwicklungspolitik« kommt ohne die nachdrückliche Feststellung aus, dass zentrale Aufgaben nur kooperativ bewältigt werden können: Dieses Bemühen um gemeinsames Handeln muss schon innerhalb der öffentlichen Verwaltungen beginnen, denn alle größeren Aufgaben überschreiten Ressortgrenzen. Ohne Marktakteure lassen sich weder die wirtschaftliche noch bauliche Stadtentwicklung insgesamt gestalten. Und die Zivilgesellschaft ⬆ ist – zum Beispiel – im kulturellen und sozialen Leben der Städte unverzichtbar. Zudem verlangt sie heute auch nach verstärkter Teilhabe an vielen politischen Prozessen.

Für nicht wenige Alltags-Aufgaben gibt es Routinen, innerhalb derer die notwendigen Abstimmungen zwischen diesen verschiedenen Akteuren erfolgen. Neue Herausforderungen aber bedürfen neuer Akteurskonstellationen. Wer etwa lokale Integrationsarbeit in den Ankunftsstadtteilen der großen Städte weiter entwickeln will, muss zwischen den Wohnungseigentümern und lokalen Betrieben, den Wohl-

Klaus Selle (*1949), Lehrstuhl für Planungstheorie und Stadtentwicklung RWTH Aachen University; Arbeitsschwerpunkte: Stadtentwicklung, kommunikative Gestaltung von Planungsprozessen

fahrtsverbänden und Schulen, diversen öffentlichen Einrichtungen und Dienststellen sowie Initiativen und Gruppen Netze spannen und Voraussetzungen für Kooperationen verschiedener Art herstellen. Und wer Impulse für eine durch »Wissensproduktion« vorangetriebene Stadtentwicklung geben will, wird sich neben vielen anderen Aufgaben mit der ganz besonderen Herausforderung konfrontiert sehen, Wissenschaftseinrichtungen in lokale Entwicklungsprozesse zu involvieren, die ihnen gemeinhin fremd sind – und wie viele Beispiele zeigen, oft auch fremd bleiben.

Solche Konstellationen werden aus der Governance ↑ -Perspektive sichtbar: Mit ihrer Hilfe lassen sich Bezüge zwischen Akteuren abbilden, die bei der Auseinandersetzung mit gemeinsamen Aufgaben entstehen (könnten). Das kann sehr erhellend sein. So wird zum Beispiel deutlich, dass diejenigen, denen es gelingt, Netze zu knüpfen und Kooperationen zu fördern, an Gestaltungsmacht gewinnen. Ebenso unübersehbar ist aber auch, dass Kooperation und Koproduktion keine Selbstläufer sind – und schon im Ansatz scheitern können. Dann nämlich, wenn zentrale Akteure eine Aufgabe, die ihrer Mitwirkung bedürfte, nicht als gemeinsame Angelegenheit ansehen. Und nicht zuletzt wird deutlich, dass Governance auch eine normative Seite haben muss: Zu ungleich sind die potentiellen Kooperanten, zu selektiv sind die Prozesse, als dass man ihre Entwicklung sich selbst überlassen könnte. Der Ausgleich von Asymmetrien und das Eröffnen von Mitgestaltungsmöglichkeiten auch für die, die gemeinhin wenig Einfluss haben, gehört also auch zu den Aufgaben derjenigen, die sich um Anstiftung von Kooperationen und Koproduktionen bemühen – wie etwa die Planungsgesellschaften Internationaler Bauausstellungen. ◢

Klaus R. Kunzmann

Stadtpolitik in Städten des Wissens
Akteure und Perspektiven

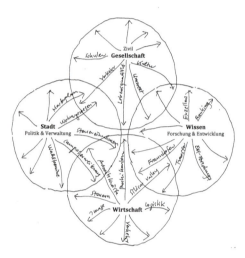

QR-Code zum vollständigen Beitrag von Klaus R. Kunzmann auf der Website der IBA Heidelberg

Die Entwicklung des Wissens ⬆ ist eine, wenn nicht sogar die zentrale Aufgabe zukünftiger Stadtpolitik. Dies gilt nicht in traditionellen Universitätsstädten wie Leiden, Delft, Oxford, Cambridge oder auch Heidelberg. Diese Aufgabe erfordert ein enges Zusammenwirken von im Wesentlichen vier Gruppen der Gesellschaft: der Wirtschaft, der lokalen Hochschulen und Forschungsinstitute, der zivilen Gesellschaft sowie von Politik und Verwaltung der lokalen Rathäuser.

Klaus R. Kunzmann skizziert in seinem Beitrag, welchen Einfluss diese vier Gruppen auf eine Stadtpolitik haben, die das Wissen in der Stadt weiter entwickeln möchten, aber auch, wie das umfangreiche Wissen dieser vier Gruppen für die Stadtentwicklung besser genutzt werden kann. Er weist darauf hin, dass Wissen als übergeordnetes kommunalpolitisches Handlungsfeld von vielen Städten erst noch entdeckt werden müsse.

Die Herausforderungen der Informationsgesellschaft zwingen die Städte, darauf hinzuwirken, dass die Verwaltung, Hochschul- und Forschungseinrichtungen, zivilgesellschaftliche Gruppen und die lokale Wirtschaft enger zusammenarbeiten, dass sie die vielfältigen Veränderungen im Prozess der weltweiten Transformation von der Industrie- zur Wissensgesellschaft in der Stadtpolitik zukunftsorientiert berücksichtigen, auch dass sie dies über kommunale Grenzen hinaus in größeren Stadtregionen tun.

Am Beispiel der Städte Basel, Eindhoven, Luxemburg, Paris, Stockholm, Wien und Zürich zeigt Klaus R. Kunzmann auf, welchen Stellenwert das Wissen in der jeweiligen Stadtpolitik hat, wer die Entwicklung des Wissens dort vorantreibt, welche räumlichen Prioritäten gesetzt werden und welche Konflikte dabei bewältigt werden mussten.

Immer mehr Städten und Stadtregionen in Europa ist bewusst, dass sie sich der Wissensentwicklung und der vierten industriellen Revolution stellen müssen. Dort setzt die Politik neue Prioritäten, um lokale und regionale Wissensprofile zu schärfen. Dafür finden sich Akteure ⬆, die diese Entwicklung vorantreiben. Doch dazu müssen diejenigen überzeugt werden, die den langfristigen Nutzen der Wissensentwicklung nicht sehen und befürchten, durch neue politische Prioritäten in ihrem Wohlstand benachteiligt zu werden. ◢

Simin Davoudi, Ali Madanipour

Multilevel Governance und Stadtentwicklung
Beispiele aus England

Wie funktioniert die Stadtentwicklung in europäischen Universitätsstädten, die mit Heidelberg vergleichbar sind? Stadtentwicklung unterliegt generell Interessen einer globalen Wirtschaft, konkret in Universitätsstädten überlagern und vernetzen sich die Interessenslagen und Machtbereiche in spezifischer Weise. An Beispielen aus England lässt sich die Rolle von Universitäten in der örtlichen Politik- und Planungsgestaltung auch als Reaktion auf den Globalisierungsprozess verdeutlichen.

QR-Code zum vollständigen Beitrag von Simin Davoudi und Ali Madanipour auf der Website der IBA Heidelberg

Die Autoren analysieren die unterschiedlichen Einflussbereiche und Beziehungsgeflechte von Akteuren ⬆ in den Universitätsstädten Cambridge, Oxford und Newcastle. Der historische Bogen reicht von feindseliger Ausweisung von Studenten aus der Stadt bis zu städtischem Bemühen um junge Forscher.

Die Expansion von Universitäten sowie von universitätsnahen Einrichtungen und Unternehmen erhöht ihre auch ökonomische Bedeutung mehr und mehr, wobei kleine Städte mit alten, traditionsreichen und großen Universitäten selbstverständlich anders agieren als große Städte mit großen Produktions- oder Dienstleistungssektoren. Hinzu kommt, dass Globalisierung und wirtschaftlicher Strukturwandel die Hinwendung zu einer wissensbestimmten Wirtschaft bewirkt haben. Internationale Kontakte und Austauschszenarien bereichern einerseits auch das städtische Kulturklima, tragen unter Umständen andererseits zu Wohnungsmangel und Verteuerungen bei, unter denen die Stadtgesellschaft als Ganze leidet. Oxford und Cambridge mit ihrem Elite-Status spielen in diesem Zusammenhang eine besondere Rolle. Elite-Universitäten wirken wie Magneten, um die sich Unternehmen scharen, die mit Innovationen in Wissenschaft und Ingenieurwesen befasst sind.

Die neue globale Aufteilung der Arbeitswelt hat eine Wiederentdeckung der Bedeutung der Stadt bewirkt, wobei wissensgestützte Aktivitäten, die man vorwiegend an Universitäten vermutet, im Mittelpunkt der wirtschaftlichen Produktion stehen. Die Rolle der Universitäten und der Städte für die wissensgestützte Stadtentwicklung und die *Multilevel Governance* ⬆ ist daher wichtiger als je zuvor. ◤

↻ **Die wichtigsten Probleme in Heidelberg:** »Weiterhin liegen Nennungen zum Thema Verkehr mit aktuell 40% ganz vorn, im Vergleich zu den beiden Vorjahren (2013: 59%; 2014: 49%) ist die Relevanz aber deutlich zurückgegangen. Auf Rang zwei folgt jetzt mit 32% das Thema Flüchtlinge, Ausländer, Integration, auf das 2014 lediglich 2% der Nennungen entfallen waren.« (Heidelberg-Studie 2015)

Die Konversionsgebiete in Heidelberg bieten beste Chancen, eine Perspektive für die Stadt des 21. Jahrhunderts zu erarbeiten.

Klaus Selle

Making of ...

Die ersten Jahre einer Internationalen Bauausstellung

Zu den besonderen Merkmalen aller Internationalen Bauausstellungen gehört die Position zwischen den Stühlen. Ihre Planungsorganisationen werden auf Zeit installiert und sollen in Feldern tätig werden, die bereits von vielen Akteuren besetzt sind. Es gilt, Strategien und Projekte zu entwickeln, die nicht nur provokant und innovativ sind, sondern auch national wie international ausstrahlen und zudem vor Ort nachhaltige Wirkungen entfalten. Das sind Ansprüche, denen man kaum gerecht werden kann. Erschwerend kommt hinzu, dass es sich hier nicht, anders als der Name suggeriert, um Bauprozesse handelt, sondern um Stadt-, wenn nicht Regionalentwicklung. Die lässt sich nicht durch einen Plan steuern, sondern ist ein chaotisch erscheinender Prozess, auf den viele einwirken. Kann eine auf Zeit in diesen Kontext gestellte Organisation unter diesen Bedingungen tatsächlich handlungsfähig werden? Und wenn ja: wie? Diesen Fragen wird hier am Beispiel der ersten vier Jahre der Internationalen Bauausstellung Heidelberg nachgegangen.

Zunächst sind die wissenschaftlichen Ausgangspunkte kurz skizziert. Im nächsten Schritt verlassen wir die Welt der Abstraktion und rücken ganz nah an den Untersuchungsgegenstand heran: Die Akteure haben das Wort. Auf der Basis von zahlreichen Interviews, die im Rahmen eines von der DFG geförderten Forschungsprojektes durchgeführt wurden,[1] werden die ersten IBA-Jahre aus unterschiedlichen Perspektiven beschrieben und eingeschätzt.[2] Das ergibt, wie sich zeigen wird, durchaus kein eindeutiges Bild. Um das ein wenig zu justieren, wird daher abschließend gefragt, was sich – auch im Hinblick auf die Erfahrungen anderer IBAs – daraus lernen ließe[3].

---

1) siehe Seite 113

2) Kapitel 2, Seite 113

3) Kapitel 3, Seite 117

1. Stadtentwicklung und die IBAs als intermediäre Organisationen – Ausgangspunkte für die Analyse

Wer eine Internationale Bauausstellung nicht ausgehend von ihren Ergebnissen, sondern von ihren Anfängen her beschreiben will, muss sich fragen: Wie kann eine Planungsgesellschaft, die in das ohnehin dicht besetzte Akteursfeld der Stadt- und Regionalentwicklung implantiert wird, überhaupt handlungsfähig werden?

Organisationen wie die Planungsbüros der IBAs werden zwar oft staatlich oder – im Fall der IBA Heidelberg – kommunal finanziert. Allein aus dieser temporären Installierung wächst ihnen aber noch keine Gestaltungsmacht zu. Prima vista sind sie vielmehr für die meisten anderen Akteure ⇑, die schon vor ihr da waren und nach ihr weiter da sein werden, Störenfriede. Das macht die Frage nach der Handlungsfähigkeit noch ein wenig spannender.

Um sie beantworten zu können, muss man sich Stellung und Funktion einer solchen Planungsgesellschaft aus der *Governance* ⇑-Perspektive vor Augen führen. Sie sind weder der Sphäre hoheitlichen staatlichen noch marktförmigen Handelns zuzuordnen und auch keine zivilgesellschaftliche ⇑ Organisation. Sie agieren vielmehr zwischen diesen Welten, sind intermediär ⇑.[4] Womit auch schon auf ihre Funktion verwiesen wird: Sie sollen zwischen ganz unterschiedlichen Akteuren – um Beispiele zu nennen: zwischen verschiedenen Dienststellen kommunaler Verwaltungen, Wirtschaftsunternehmen, bürgerschaftlichen Initiativen und anderen – Verbindungen herstellen, Brücken schlagen, Netze knüpfen. Dies nicht als Selbstzweck, sondern um neue Vorgehensweisen und Lösungen zu erproben. Insofern werden sie gelegentlich als »Innovationsagenturen« bezeichnet.

Um zu illustrieren, was gemeint ist, kann ein Rückblick auf die Herausbildung eines besonderen Typus solcher intermediär agierenden Organisationen hilfreich sein. Während der sogenannten Häuserkämpfe in den frühen 1980er-Jahren, als, ausgelöst durch die Verknappung preiswerten Wohnraums, in Berlin und vielen anderen Großstädten leerstehende Gebäude besetzt wurden, eskalierten die Konflikte bis hin zu Straßenkämpfen mit brennenden Barrikaden. Kommunikation, geschweige denn Verständigung unter den streitenden Parteien schien nicht möglich. Und doch sind viele dieser Konflikte damals gewaltlos befriedet worden. Manche interessanten Projekte entstanden. Und viele Wohnungen, die vormals lange leer standen oder abgerissen werden sollten, konnten erhalten werden.

Möglich wurde dies durch Organisationen, die damals erst entstanden – als Stiftungen oder von sozialen Trägern gegründet, agierten sie als »neutrale Dritte« zwischen den Fronten. Einige von ihnen – wie die Lawaetz-Stiftung oder die Stattbau in Hamburg – existieren noch heute und gehen ihren Aufgaben nun unter weniger angespannten Bedingungen nach.

Aber ihre Funktion ist immer noch dadurch geprägt, dass sie zwischen den »Großraumstrukturen« von Staat und Markt sowie der Lebenswelt von Initiativen und Gruppen der Stadtgesellschaft ⇑ Verbindungen herstellen und zu Lösungen beitragen, die einzelne der Akteure nicht hätten bewerkstelligen können.

Seinerzeit war das etwa das Aushandeln von Träger-, Finanzierungs- und Erneuerungskonzepten für die besetzten Häuser. Das erschien aus der Sicht der kommunalen Verwaltungen wie der Banken unvorstellbar – und gelang doch. Es bedurfte aber mühsamer und vielgestaltiger Kommunikation zwischen Behörden, Banken, Betrieben und Bewohnern über lange Zeiträume.

Was anfangs wie ein Sonderfall in zugespitzter Situation erschien, entpuppte sich bald als typisch: Auch im internationalen Überblick wurde deutlich, dass überall dort, wo Bewohner-Initiativen mit öffentlichen Aktivitäten zur Quartiersentwicklung zusammenkommen sollen, solche intermediären Agenturen aktiv sind. Das heutige Verständnis von Quartiersmanagement ist weithin von diesen Vorerfahrungen geprägt.

Und es zeigte sich auch, dass in anderen Feldern der Stadtentwicklung intermediäre Akteure mit Innovationsaufgaben tätig sind. Das gilt insbesondere für die Planungsgesellschaften Internationaler Bauausstellungen seit den 1980er-Jahren:

---

[4] vgl. Selle 1991a, vhw 2015

- Die IBA Berlin (Präsentationsjahr 1987) war noch zu einem Teil eher traditionell hochbaulichen Aufgaben gewidmet (»kritische Rekonstruktion« zerstörter Innenstadtbereiche). Sie stand in ihrem Altbaubereich jedoch stark unter dem Eindruck der wohnungspolitischen Konflikte jener Zeit und suchte nach Alternativen zu einer Stadtsanierungspolitik, die vor allem durch großflächigen Abriss ganzer Gründerzeitquartiere geprägt war. Obwohl sie sich nur wenigen Baublöcken zuwenden konnte, setzte sie mit den dort experimentell erprobten Vorgehensweisen wesentliche Impulse für eine Politik der »behutsamen Stadterneuerung«, deren Ziele ausdrücklich auch auf den Erhalt vorhandener Sozialstrukturen gerichtet waren. Dieser Ansatz wurde in den Folgejahren weit über Berlin hinaus zu einem Maßstab in der Stadterneuerung.
- Mit der IBA Emscherpark (Präsentationsjahr 1999) wurde der Aktionsradius einer Bauausstellung radikal erweitert. Der Aufgabenbereich umfasste eine ganze Region, jenen Teil des Ruhrgebietes, der durch die Industrialisierung in besonderer Weise belastet worden war. Angesichts dieser Ausgangssituation war allein der Name IBA schon Provokation. Und auch ihre Programmatik brach mit vorherrschenden Wahrnehmungs-, Denk- und Arbeitsgewohnheiten. Mit ihren nahezu hundert Projekten sollte verdeutlicht werden, wie eine ökologische und ökonomische Modernisierung anzugehen ist, welche Bedeutung Industriekultur und Industrienatur für die Revitalisierung einer solchen Region haben. Zugleich trug sie – auch das gegen gewohnte Denkweisen gewandt – mit ihrer Strategie der »offenen Prozesse« und der »Planung durch Projekte« ganz wesentlich zu einem Umdenken im Planungsverständnis bei.

In den anschließenden Jahren wurden in immer engerer zeitlicher Taktfolge weitere Bauausstellungen initiiert, die zum Teil auf den Erfahrungen der IBA Emscher Park aufbauten:
- Die IBA Fürst-Pückler-Land in der Lausitz (Präsentation 2010) widmete sich ähnlich wie die an der Emscher der Rekultivierung einer Landschaft, die zuvor stark industriell – in dem Fall durch Braunkohleabbau – geprägt war.
- Die IBA Stadtumbau Sachsen-Anhalt (2010) suchte Antworten auf die Probleme des »Schrumpfens« von Städten und Regionen.
- Hamburg (2013) setzte zum »Sprung über die Elbe« an und wandte sich dem bislang vernachlässigten Süden der Stadt, also Wilhelmsburg und den Elbinseln zu.

Mit Blick auf die Rolle der Internationalen Bauausstellungen als intermediäre, in den komplexen *Governance*-Prozessen der Stadtentwicklung tätige Organisation lässt sich resümieren:
- Ihre Funktion ist darauf gerichtet, neue Lösungen für Probleme zu entwickeln und zu erproben, die von den vorhandenen Akteuren nicht auf den Weg gebracht wurden beziehungsweise werden konnten. Gelegentlich widersprechen die neuen Ansätze ausdrücklich bisher dominanten Interessen beziehungsweise Denk- und Handlungsgewohnheiten.[5] Da die IBA-Organisationen nur befristet und projektorientiert agieren, hängt ihre nachhaltige Wirksamkeit davon ab, ob und wie die von ihnen entwickelten Lösungen Veränderungen in den Köpfen auslösen. Damit sind ihre Ergebnisse zu einem wichtigen Teil unsichtbar. »Vieles wird nicht präsentabel sein, und damit ist die dauerhafte Kollision der intermediären Akteure mit der Forderung, doch ›endlich vorzeigbare Ergebnisse‹ zu produzieren, abzusehen. Die neue Städtebaukultur wird zu einem erheblichen Teil eine unsichtbare Kultur sein«.[6]
- Ihre Tätigkeit ist in hohem Maße durch Kommunikation geprägt: Es gilt, Verbindungen zwischen ansonsten getrennt und nach unterschiedlichen Logiken handelnden Akteuren herzustellen, Blockaden zu lösen, mobilisierbare Kräfte zu identifizieren und zu fördern, neue Formen der Interaktion und Kooperation von Akteuren zu erproben und vor allem

---

5) vgl. auch BMVBS 2011

6) Selle 1991b, Seite 128

Lernprozesse – unter anderem durch Transfer andernorts entwickelter Ansätze und Netzwerkbildung über die Grenzen der jeweiligen Stadt oder Region hinaus – anzuregen und voranzutreiben.

- Ihr Wirksamwerden ist an Voraussetzungen gebunden. Als intermediäre Akteure brauchen sie zunächst ein möglichst großes Maß an organisatorischer wie inhaltlicher Unabhängigkeit von zentraler Bedeutung. Um die vorhandene Akteurslandschaft in Bewegung zu bringen, muss zudem bei wichtigen Beteiligten ein Problemdruck und eine gewisse Ratlosigkeit bestehen, wie damit umzugehen sei. Neben diesem Push-Faktor muss es aber auch weitere Gründe (Pull-Faktoren) für potenzielle Partner geben, die es attraktiv oder doch geboten erscheinen lassen, mit der IBA-Planungsgesellschaft zu kooperieren – selbst dann, wenn deren Ideen und Projekte zunächst ungewohnt oder gar befremdlich erscheinen. Solche Gründe können finanzieller Art sein (privilegierter Zugang zu Fördermitteln), aus der Macht der Träger der IBA resultieren, in der Beratungskompetenz und der Öffentlichkeitswirkung der IBA liegen oder auch darin bestehen, dass nur unter den IBA-Sonderbedingungen in der konkreten Situation eine Lösung möglich wird.

Heidelberg – die idyllische Stadt am Neckar – weist bei einer Internet-Suche im Januar 2017 in 0,76 Sekunden rund 76,3 Mio Ergebnisse aus.

2. Governance aus der Nähe betrachtet
– die ersten Jahre der IBA Heidelberg im Spiegel der Meinungen

Eine IBA soll und wird, um handlungsfähig zu werden, mit vielen Akteuren kooperieren. Ohne sie geht es nicht. Aber wie geht es? Wie sehen die anderen die IBA? Wie nehmen sie ihre Entstehung und ihre Aktivitäten in Heidelberg wahr? Diese Fragen werden hier auf der Basis einer Serie von Interviews beantwortet.

Zum Forschungsprojekt:

Die Recherchen zu diesem Text wurden im Rahmen eines von der DFG geförderten, dreijährigen Forschungsprojektes (»Multilaterale Kommunikation in Prozessen der Stadtentwicklung«) am Lehrstuhl für Planungstheorie und Stadtentwicklung (RWTH Aachen University) durchgeführt. Gegenstand der Untersuchung sind zahlreiche Stadtentwicklungsprozesse in Deutschland, die vor allem aus der Perspektive »kommunikativer Interdependenzgestaltung« beschrieben und analysiert werden. Zwischenergebnisse und weitere Beiträge zum Thema werden laufend im Internet-Magazin pnd|online (www.planung-neu-denken.de) veröffentlicht – u.a. I/2015, II/2016, I/2017. Das Projekt wird Mitte 2018 abgeschlossen sein.

Für die Bereitschaft zum Gespräch im Rahmen der Heidelberg-Studie danke ich insbesondere:
Theresia Bauer, MdL (Ministerin für Wissenschaft, Forschung und Kunst des Landes Baden-Württemberg)*
Dr. Ursula Baus (frei04-publizistik)
Prof. Michael Braum* (IBA Heidelberg)
Prof. Dr. rer. nat. habil. Dr. h.c. Bernhard Eitel (Rektor der Universität Heidelberg)*
Andreas Epple (Epple Holding)*
Annette Friedrich (Leiterin des Stadtplanungsamtes der Stadt Heidelberg)*
Prof. Dr. Ulrike Gerhard (Geographisches Institut der Universität Heidelberg und Leiterin des Reallabors »Urban Office«)
Dr. Wolfgang Niopek (IHK Heidelberg)*
Margarete Over (Initiative Collegium Academicum)*
Sebastian Riemer (Rhein-Neckar-Zeitung)*
Michael Steinbrenner (Architekt und Mitglied des Gemeinderates der Stadt Heidelberg)*
Prof. Kunibert Wachten (Lehrstuhl Städtebau und Landesplanung RWTH Aachen University)
Carl Zillich (IBA Heidelberg)*
… und der IBA Heidelberg für die hilfreiche Unterstützung bei der »Logistik« vor Ort.

Mit den durch * gekennzeichneten Personen wurden im Zeitraum April bis Juli 2016 je etwa 60-minütige, leitfadengestützte Interviews durchgeführt. Es fanden zudem weitere Hintergrundgespräche über den genannten Personenkreis hinaus statt.

Am Anfang: Vielfalt der Erwartungen

»Die IBA Wissen-schafft-Stadt Heidelberg will die Potenziale der Europäischen Städtebautradition für die urbane Wissensgesellschaft von morgen aufzeigen und in einem stadtgesellschaftlichen Prozess weiterentwickeln«, heißt es im IBA Memorandum (siehe Seite 8). Und es wird ergänzend betont, man betreibe keinen »defizitorientierten Ansatz«, sondern arbeite »pro-aktiv«, also auf zukünftige Herausforderungen gerichtet. Es werde eine Zukunftsaufgabe in den Blick genommen, die in Heidelberg exemplarisch angegangen werden soll. In einem Interview hieß es dazu: »Man hat sich quasi den Luxus geleistet, so könnte man es vielleicht formulieren, vorbeugend eine IBA zu machen, um in Ruhe und ohne Handlungsdruck zu überlegen, wie diese Stadt in zehn, zwanzig oder dreißig Jahren aussehen könnte, so dass sie wettbewerbsfähig und lebenswert ist.«

In vielen Gesprächen wurden aber auch auf andere Veranlassungen hingewiesen. Das klang dann weniger pro- als re-aktiv. Denn es wurde ein Problem angesprochen, das offensichtlich doch vielen sehr nahe geht und Veränderungen wünschenswert erscheinen lässt: Die Rede war vom »problematischen Verhältnis zwischen Stadt und Universität«.

Diese Einschätzung bezog sich insbesondere auf die Auffassungsunterschiede in Fragen der Universitäts- und Stadtentwicklung: Seit den 1980er Jahren, so hieß es, habe es in zunehmenden Maße »Missverständnisse und Verwerfungen über die Vorstellungen der gemeinsamen Weiterentwicklung« gegeben. Wobei die »Schuldigen« für diese Entwicklung mal auf dieser Seite – »die Universität fühlt sich nicht als Teil der Stadt« –, mal auf jener Seite – »es wird versucht, die Universität zu instrumentalisieren« – gesehen werden.

Diese unterschiedliche Sicht ist nun aber durchaus nichts Besonderes. Man kann eher sagen: Solche Verschiedenheit der Perspektiven und die damit verbundenen Rollendefinitionen sind ebenso wie das daraus resultierende »parallele«, nicht selten auch konfligierende Handeln typisch für sehr viele Universitätsstädte. »Stadt und Universitäten sind voneinander ganz getrennte, extrem verschiedenartige Systeme«, sagte Rudolf Stichweh anlässlich der Auftaktveranstaltung zur IBA.[7] Das war allgemein gemeint und im Rückblick auf die Zeit seit dem Mittelalter gemünzt. Und hat doch sehr aktuelle Aussagekraft – nicht nur in Heidelberg.

Unterhalb solcher eher allgemeiner Rollenkonflikte gab es auch konkrete Handlungsfelder, in denen sich erweisen sollte, wie es um die Kooperation von Kommune und Universität steht. Insbesondere ist hier das Neuenheimer Feld zu erwähnen. Über dessen zukünftige Entwicklung herrschte erhebliche Uneinigkeit zwischen Stadt und Universität. Hier hoffte man, insbesondere seitens der Politik, dass die IBA einen Beitrag zur Lösung des Konflikts leisten könnte.

Von dieser konkreten Veranlassung ausgehend, wurde zudem ein inhaltlich und räumlich weiter gesteckter Aufgabenbereich identifiziert: Nachdem ein erster Anlauf zu einem neuen, auf 2030 ausgerichteten Stadtentwicklungskonzept nicht weiter verfolgt wurde, sah man in der IBA eine Alternative, »um den vielen einzelnen Projekten, die anstehen wie auch der Flächenentwicklung insgesamt, einen übergreifenden Zusammenhang zu geben«. Hinzugefügt wurde von anderer Seite: »Eine inhaltliche Ausrichtung war notwendig. Was ist das Heidelberger Profil? Was ist das Besondere? Was macht Heidelberg aus?« Und in einem weiteren Gespräch hieß es: »Es stellte sich die Frage, welche Stärken es zu stärken gilt, wie das Konzept ›Stadt der Wissenschaften‹ weiter entwickelt werden kann.«

»Es bestand«, so betonte ein weiterer Gesprächspartner, »der Wunsch, die Debatte über Stadtentwicklung auf ein anderes fachliches Niveau zu heben […] Da könnte die IBA einen Beitrag leisten als externe Organisationseinheit, die […] Impulse setzen kann, vermitteln kann zwischen Institutionen, die von Natur aus primär ihre eigenen Interessen verfolgen und nicht immer übereinstimmen: Hier hätte die IBA prinzipiell in der Theorie einen guten Beitrag leisten können«.

Als eine weitere Kernaufgabe der IBA wird Kommunikation in den vielen Facetten des Wortes angesehen. Es gelte, »Netze zu knüpfen, zu verfestigen, die es bislang noch nicht gab«, und so »neue Impulse« auszulösen. Es gelte, »Themen, Menschen und Institutionen zusammenbringen, die ohne Weiteres aus sich heraus nicht zusammenkommen, und auf diese Weise neue Fragen aufzuwerfen, neue Themen zu finden und sie auch zu beantworten helfen«.

Auf der Suche nach einem gemeinsamen Nenner für die Vielfalt der Erwartungen wird man am ehesten bei folgender Bemerkung fündig: »Die meisten erwarteten vor allem eines von der IBA: frischen Wind.« Allerdings, so möchte man hinzufügen: Jede(r) sah den Wind in unterschiedlichen Segeln.

»Zu Beginn standen der Oberbürgermeister und der Gemeinderat geschlossen hinter der Idee einer Internationalen Bauausstellung – was auch immer sich die Einzelnen unter einer solchen Bauausstellung vorgestellt haben mögen.« Diese Äußerung eines Gesprächspartners macht deutlich, dass die IBA zu Beginn ein sehr großes Gefäß zu sein schien, das Raum für viele Wünsche, Ideen und Anforderungen bot. Da liegt es nahe, dass diese Vielfalt von Erwartungen schnell über das tatsächlich Leistbare hinausschießt. Im Rückblick betrachtet klingt das dann so: »Die IBA war mit vielen Illusionen versehen.«

---

[7] Stadt Heidelberg, 2013, Seite 21

Verstolperter Start? Die Gründungsphase

Alle Interviewten waren sich einig: Zu Beginn der IBA-Arbeit hätte das Land Baden-Württemberg mit »an Bord sein müssen«. Möglichst gleich mit mehreren Ressorts. Aber: »Die IBA Heidelberg ist allein städtisch angelegt – mit allen Problemen, die das mit sich bringt.« Eine entsprechende Vereinbarung ist damals unterblieben. Es soll zwar eine Art mündliches *Commitment* ⬆ gegeben haben, aber wie weit es reichte und wie verbindlich es war, konnte im Rahmen der Interviews nicht abschließend geklärt werden. Letztlich ist das heute aber auch nicht mehr von Belang. Denn nach dem politischen Wechsel im Lande sah die neue Regierung eine solche Bindung nicht – und blieb Beobachterin der Ereignisse in Heidelberg. Man habe sich dort allerdings sehr »über den Alleingang der Stadt gewundert«. Zumal »gerade das Feld Wissenschaft/Bildung und die damit zusammenhängenden Fragen der räumlichen Entwicklung sehr knifflig sind, denn es gibt da doch sehr viele Schnittstellen mit verschiedenen Akteuren«. Etwas ruppiger stellte ein anderer die Haltung des Landes dar: »Ihr habt das ohne uns aufgesetzt, habt nicht gefragt [...] Also seht zu.«

Der Hinweis auf die vielen Akteure ist nicht nur auf die Landesebene zu beziehen. Auch lokal waren beim Start der IBA »nicht alle im Boot«. So wurde in den Interviews verschiedentlich und nachdrücklich darauf hingewiesen, dass »nicht die Universität die IBA initiiert hat und auch kein Träger ist«. Ein Gesprächspartner versetzte sich in die Rolle des Rektors und kennzeichnete dessen Verhältnis zur IBA so: »Ich möchte nicht im Wege stehen, aber ich brauche das nicht. Also ich bin dabei, aber ich brauche das nicht«. Es ist wie so ein ungeliebtes Kind...«

Ein Kommentator zieht Bilanz: »Wenn ich eine IBA ›Wissen | schafft | Stadt‹ nenne und in Heidelberg aufs Gleis setze, ohne dass ich das bis ins Detail mit der Universität kommuniziert habe, bin ich völlig daneben.«

QR-Code zur Projekt-Website der IBA Heidelberg

Entwicklungen? Die IBA auf der Suche nach Handlungsmöglichkeiten

Seit 2011-12 ist viel geschehen. Die IBA startete einen ersten Projektaufruf, der zunächst in die Auswahl und Betreuung von vier Projekten und in die Begleitung und Qualifizierung weiterer »Kandidaten« mündete. Diese Phase ist aber auch dadurch gekennzeichnet, dass man ursprünglich ins Auge gefasste Aufgaben und Handlungsräume der IBA anderweitig zuordnete. In einem Interview wurde lakonisch zusammengefasst: »Nicht alle Wünsche gehen auf« und, anders formuliert: »Die IBA kann Wünsche haben, es klappt aber nicht immer mit den Partnern.«

Ein gewichtiger Partner, mit dem es möglicherweise dann, wenn konkrete Räume ins Spiel kommen, »nicht klappt«, scheint eben die Universität zu sein. »Strikt dagegen« sei man von Universitätsseite gewesen, dass die IBA im Neuenheimer Feld aktiv wird, hieß es in den Interviews. Nachdem sich die dort aufgebrochenen Konflikte 2014 weiter verschärften, war dann auch die Stadt der Meinung, dass dies ein zu konfliktträchtiges Terrain sei, dessen Bearbeitung die IBA, wie in einem Gespräch vermutet wurde, »unnötig belasten« würde. Sie möge sich, so hieß es von anderer Seite, »auf Aufgaben konzentrieren, die Erfolg versprechender sind«.

Anderen stellte sich das graduell anders dar. So hieß es zum Beispiel bündig: »Die IBA wurde da rausgezogen.« Und mit Blick auf die Universität ergänzte ein weiterer Gesprächspartner: »Die Universität hat eine klare Interessenlage, wägt ab und sieht zur Zeit keinen Mehrwert darin, ein Projekt mit der IBA zu starten.«

Auch bei den innenstadtnahen Konversionsflächen, die ab 2012 zur Disposition stehen, sah man keine Hauptrolle für die IBA vor. Relativ schnell wurden Profile für die einzelnen Standorte definiert (Wohnen, Gewerbe und so weiter) und verschiedene Akteure mit dem Vorantreiben von Planung und Entwicklung beauftragt.

Diese Entwicklungen wurden in vielen unserer Gespräche erwähnt: »Die IBA könnte, aber darf nicht«, hieß es da etwa oder: »Ich habe das Gefühl, dass die IBA ausgebremst wird«, oder: »Der IBA wird viel zu viel hineingeredet.«

Ein zusammenfassender Kommentar lautet so: »Vielleicht ist das das Experimentelle an unserer IBA, dass man überall versucht, ein bisschen die Fühler auszustrecken, zu gucken, wo können wir denn etwas machen, und ich glaube, dass man nicht richtig eingeschätzt hat, wie die Perspektiven und welches die Möglichkeiten sind.«

Das hat allerdings Folgen: »Die IBA hat keinen physischen und intermediären Ort. Sie funkt daher überall ein bisschen rein und macht sich unbeliebt.«

Wenn es eine Aufgabe gab und gibt, die unstrittig zu sein scheint, dann ist das die Kommunikation. Der hat sich die IBA auch intensiv und mit vielfältigen Formaten gewidmet: »Am Anfang war die öffentliche Wirksamkeit groß: Stadtspaziergänge, viele Presseberichte... Tenor: guter Start. Nach etwa zwei Jahren gab es einen ›Knick‹. Die Ungeduld stieg, Nervosität war zu spüren. Und die Forderung nach Konkretem wurde lauter. Man will ›Beton fließen sehen‹.«

Die hier angesprochene Ungeduld scheint Konsequenzen zu haben: »Die Stadt hat«, so hieß es in einem Gespräch, »einen Schwenk vollzogen und will das Heft [wieder] deutlicher in die Hand nehmen. In stärkerem Maße soll politisch bestimmt werden, was die IBA ist, wozu die IBA was sagen darf und wozu nicht.« Ausdruck dieser Haltung könnte es sein, dass seit Frühjahr 2016 der Konversionsstandort Patrick-Henry-Village zu einem Haupttätigkeitsfeld der IBA erklärt wurde – »auf nachdrücklichen Wunsch des Oberbürgermeisters«, wie es hieß.

Zwischen allen Stühlen? Einschätzungen und Erklärungsversuche

Wie kam es zu den Entwicklungen in den ersten vier Jahren, wie wird die aktuelle Situation eingeschätzt? Auf diese Fragen gab es ein breites und vielfältiges Antwortspektrum:

Unklare Ziele und Inhalte?

Einerseits vermutet man, dass »die Stadt selber nicht weiß, was sie mit ihrer IBA will. Und deswegen ist es auch so schwer, konkrete Projekte und Vorhaben zu formulieren.« Andererseits sei auch »kein Leid da«, auf das bezogen zu handeln wäre. Und aus der »intellektuellen Debatte über ein sehr abstraktes Thema« ließe sich bislang auch keine konkrete Handlungsorientierung gewinnen. Da müsse man »näher an die Akteure ran – aber dazu hat sie [die IBA] keinen Auftrag«.

Unwillige Partner?

Es wurde schon angesprochen, dass wichtige Akteure noch keine Veranlassung sehen, mit der IBA zu kooperieren: »Es bräuchte unterschiedliche Träger, die Lust haben, neue Dinge über einen längeren Zeitraum auszuprobieren, aber die sind nicht in Sicht.« Fragt man potentielle Partner, so hört man zum Beispiel: »Sagen Sie mir einen guten Grund, warum ich ein IBA-›Kandidat‹ werden sollte! [...] Das hält doch nur auf.« Ganz ähnlich hieß es: »Die IBA ist für uns einer mehr, der hineinredet.«

Ganz anders scheint sich die Situation bei kleineren Projekten, die im Rahmen des ersten Aufrufs Interesse angemeldet hatten und ausgewählt wurden, darzustellen. Hier ist die IBA offensichtlich in der Rolle des Ermöglichers: »Die IBA betreibt Empowerment für Gruppen, die sonst keine Chance in solchen Prozessen hätten« und: »sie stellt ihre Netzwerke und ihre Kompetenz zur Verfügung, ohne reinzureden.«

Kein Handlungsbedarf?

»Thema, Ort und Intention passen perfekt, aber das genau ist das Problem... Wenn man sich schon großartig fühlt, wo will man dann noch hin?!« Diese Bemerkung eines Gesprächspartners bringt es auf den Punkt: Was kann eine Organisation, die ausdrücklich Veränderungen anstoßen soll, bewirken, wenn von vielen kein Veränderungsbedarf gesehen wird? Viele

Gesprächspartner sahen das so – wenn auch nicht für die eigene Person, so doch bezogen auf die Einschätzung der Stimmung in der Stadtgesellschaft ⬆:
- »Es gibt kein Bedürfnis, was Stadtentwicklung betrifft«, wurde zum Beispiel festgestellt.
- »Es besteht in Heidelberg kein Konsens, dass wir eine IBA überhaupt brauchen.«
- »Niemand sieht die Notwendigkeit, etwas zu ändern.«
- »Die Bevölkerung hält sich für progressiv und weltoffen, ist in Wirklichkeit extrem konservativ: ›Es darf sich nichts verändern‹.«

Womit schon einige der als »typisch für Heidelberg« bezeichneten Aspekte angesprochen sind:

Heidelberger Befindlichkeiten?

- »Das Heidelberger Modell: Solange viel diskutiert wird und nichts passiert, fühlt sich jeder gut dabei.« In diesem Sinne habe man gedacht, »es wäre schön, wenn man am System nichts ändert, aber es noch ein bisschen intellektualisiert, sich einige gedankliche Impulse holt […] und so kam man auf die IBA«.
- »Das Schönste an neuen Bauvorhaben ist die Diskussion darüber.«
- »Die Heidelberger wissen immer ganz genau und präziser als alle anderen, was nicht in Ordnung ist, und wollen auf gar keinen Fall, dass sich etwas ändert.«

Perspektiven? Noch ist vieles offen

In den Interviews wurde immer auch danach gefragt, welche Perspektiven für die IBA gesehen werden, was geschehen müsse, damit sie zumindest einen Teil ihrer früheren Ziele erreichen könne.

Nötig sei, so lautete eine mehrfach gehörte Antwort, gerade jetzt ein starkes Bekenntnis zur IBA. In Verbindung mit konkreten Projektvorschlägen sei das möglicherweise geeignet, um eine nächste Phase einzuleiten und einen neuen Anlauf zu versuchen, »das Land an Bord zu holen«.

Die sich abzeichnende Hinwendung zum Standort Patrick-Henry-Village als einer der Hauptaufgaben der IBA Heidelberg wird in diesem Zusammenhang ambivalent eingeschätzt. Einerseits heißt es: »Beim PHV geht es um die Zukunft der Stadt – wenn das kein IBA-Thema ist…!«, oder: »Das kann ein großer Wurf werden.« Anderseits gibt es Bedenken: Die Auseinandersetzung mit dieser Siedlung, zumal noch in einer solchen Lage, sei »weit weg von dem, was die IBA ursprünglich tun sollte [in ihrem Beitrag zur Stadtentwicklung]«.

Auch wird darauf hingewiesen, dass »mit der Verlagerung der IBA-Aufgabenfelder auf das Patrick-Henry-Village zwar der akute Druck ein wenig heraus genommen ist, aber die Aussicht auf Vorzeigbares wiederum in weitere Ferne rückt«.

So bleibt als Resümee zu diesem Thema nur festzuhalten: »Es kann gelingen oder grauenhaft schief gehen – da übernimmt die IBA eine enorme Verantwortung.«

3. Typisch IBA? Von den Problemen einer intermediären Organisation, zwischen allen Akteuren handlungsfähig zu werden

»Intermediäre« Akteure heißen deswegen so, weil sie zwischen und mit anderen agieren. Sie bündeln Aktivitäten, stellen Verbindungen her, helfen bei Verständigungen zwischen einander fremden Welten und tragen zu Problemlösungen bei, die auf anderen Wegen nicht zustande kämen. Alle diese Funktionen können sie aber nur wahrnehmen, wenn eine Reihe von Voraussetzungen gegeben ist (siehe Kapitel 1). Stellt sich also die Frage, ob und inwieweit das in Heidelberg – auch aus der Sicht der Interviewpartner – der Fall war und ist.

Unabhängig? Gestaltungsmacht?

Wer zwischen und mit vielen anderen agieren will, muss ein gewisses Maß an Unabhängigkeit haben. Organisatorisch betrachtet, trifft das für die IBA Heidelberg als hundertprozentige Tochter der Stadt nicht zu. Sie steht als eine neben zwölf anderen in der Liste der städtischen Gesellschaften – im Gegensatz zu denen jedoch ohne einen inhaltlich und/ oder räumlich klar umrissenen Aufgabenbereich. Das wird von den anderen Akteuren sehr wohl registriert und bewertet: »Die IBA wird als verlängerter Arm der Stadt wahrgenommen«, heißt es etwa. Oder: »IBA agiert nicht eigenständig, sie soll machen, was die Stadtverwaltung ihr aufträgt«. Mit Blick auf die Folgen für die Arbeit der IBA wird das daraus resultierende Dilemma klar benannt: »Die IBA ist sowohl der Stadt als auch dem IBA-Gedanken selbst verpflichtet. Und das ist nur schwer zu vereinbaren.«

Das unterscheidet sie wesentlich von der Konstruktion anderer Internationaler Bauausstellungen: Zwar sind oder waren deren Planungsgesellschaften in der Regel auch im Eigentum öffentlicher Akteure – aber zumeist oberhalb der kommunalen Ebene angesiedelt und bezogen daher ihr Gewicht. »Der politische Rückhalt in Bezug auf die IBA-Idee war die Basis für die erfolgreiche Durchführung der Internationalen Bauausstellung«, heißt es beispielsweise in einer Untersuchung zur Projektentwicklung im Rahmen der IBA Emscher Park.[8] Sie war, wie in einer anderen Untersuchung hervorgehoben wird, »mit einem machtpolitischen Auftrag der Landesregierung ausgestattet« und galt zudem »in der Region als Geldbeschafferin für Projekte«.[9] Dadurch hatte sie insbesondere gegenüber den Kommunen, aber auch vielen anderen Akteuren eine relativ starke Stellung, die einmal vom Geschäftsführer und dem wissenschaftlichen Direktorium etwas selbstironisch als »Überredungsdirigismus« bezeichnet wurde. So ungewöhnlich dieser Begriff ist, so genau trifft er doch die Position der IBA im Gefüge der Projektbeteiligten: Sie führte Akteure zusammen, moderierte, überzeugte, bot Qualifizierung und Hilfen bei der Projektentwicklung an und wirkte insofern intermediär – vermochte aber auch mit »geliehener Macht« zu operieren und »goldene Zügel« einzusetzen. Nur so ist zu erklären, dass Projekte auch dort realisiert werden konnten, wo insbesondere die Kommunen zunächst sehr zögerlich waren und auf ihre Planungshoheit pochten. Zugleich war die IBA aber auch frei, dort wo das Zögern zu nachhaltig war, Projektideen fallen zu lassen und sich andernorts interessiertere Partner zu suchen.

Von einer solchen Gestaltungsmacht und solcher Handlungsfreiheit ist die IBA Heidelberg weit entfernt. Sie kann nur aus eigener Kraft schöpfen. Und die Möglichkeiten mit »geliehener Macht« zu operieren reichen nur so weit, wie die Kommune selbst über Gestaltungsmöglichkeiten verfügt – und wie es vor Ort politisch opportun erscheint.

Das Fehlen starker Partner in der IBA-Trägerschaft macht sich hier bemerkbar und hat weit reichende Folgen – insbesondere was die »Pull-Faktoren« betrifft, die es auch mächtigen Partnern attraktiv erscheinen lassen könnten, mit der IBA zu kooperieren.

Nun hatten nicht alle IBA-Planungsgesellschaften die vergleichsweise starke und – zumindest auf örtlicher Ebene – unabhängige Stellung, wie dies an der Emscher der Fall war. Als alternative Möglichkeit, um zumindest zu einer gewissen Unabhängigkeit zu kommen, die erst intermediäres Agieren ermöglicht, hat sich in solchen Kontexten die Zuweisung klarer Aufgaben beziehungsweise Handlungsfelder erwiesen. Das war schon bei der »Altbau-IBA« in Berlin so, wo wenige Baublöcke in Kreuzberg ausreichten, um die Prinzipien der erhaltenden Erneuerung exemplarisch zu erproben. Eine solche Möglichkeit bestünde in Heidelberg noch. So wurde es auch in verschiedenen Interviews gesehen: »Es braucht konkrete Räume mit klaren Verantwortlichkeiten«, hieß es etwa. Ob allerdings das nun in Aussicht gestellte Handlungsfeld auf einer großen, peripher gelegenen Konversionsfläche zu den ursprünglich verfolgten Zielen der IBA »Wissen | schafft | Stadt« passt, ist die eine Frage, die gestellt wurde. Sie müsste ergänzt werden um eine weitere – nach der an diesem Standort dann tatsächlich gegebenen Handlungsfreiheit.

Problemdruck? Aufgabe?

»Eine IBA entsteht aus konkreten Herausforderungen der Stadtgesellschaft, aus jeweils aktuellem Problemdruck«, heißt es im »Memorandum zur Zukunft Internationaler

---

8) Burggräf 2013, Seite 650

9) Kilper 1999, Seite 299

Religionszugehörigkeit der Heidelberger Wohnbevölkerung (Personen mit Hauptwohnsitz oder alleinigem Wohnsitz) am 31. Dezember 2015:

41.869 Evangelisch
36.367 Römisch-Katholisch
1.778 Sonstige
63.841 Konfessionslos, ohne Angaben

Der neue Stadtteil mit dem Namen »Bahnstadt«

Bauausstellungen«.[10] Mit ihnen wird eine Erkenntnis variiert, die bereits Karl Ganser, dem Leiter der IBA Emscher Park, zugeschrieben wird: Seiner Auffassung nach ist es für den Erfolg einer IBA unerlässlich, dass es vor Ort eine gewisse Ratlosigkeit gibt, wie man mit wesentlichen Problemen umgehen solle und könne. Wichtig dabei: Es reicht nicht, wenn nur ein Akteur – zum Beispiel eine öffentliche Planungsinstitution – diese Ratlosigkeit verspürt. Es müssen schon mehrere sein, die im Schnittbereich gemeinsamer Interessen ein solches Defizit empfinden. Im Fall der IBA an der Emscher waren es viele, sehr wichtige Akteure – wie etwa die Unternehmen der Montanindustrie mit ihrem großen Immobilienbesitz, der im Strukturwandel neuer Verwertung harrte.

Auf anderem Niveau, aber doch in ähnlicher Weise entstanden auch die oben beschriebenen intermediären Organisationen in der Quartiersentwicklung: Auch hier war seinerzeit vielen Akteuren klar geworden, dass die vorhandenen Verfahren und Strukturen nicht mehr ausreichen, um alle bedrängenden Probleme zu lösen. Im Überblick über viele solcher Fälle wurde dann auch in der Forschung belegt, dass es diese Situationen der Ratlosigkeit sind, in denen eine Suche nach Optionen des Wandels beginnt. Neue Organisationen, die unbelastet zwischen den überkommenen Strukturen und Routinen agieren, können dann eine solche Option sein.

Gab es in Heidelberg einen Problemdruck? Von vielen Seiten wurde das verneint, und auch in der IBA-Programmatik ist davon keine Rede. Man sei nicht »defizitorientiert«, heißt es dort, sondern »pro-aktiv«, stelle sich Aufgaben, die erst noch auf die Städte, zumal solche, die ohnehin schon »Wissensstädte« seien, zukommen. Wenn es eine »Ratlosigkeit« gab, dann war es eher eine intellektuelle, die Einsicht in eine Herausforderung, deren Konturen man bislang nur erahnte.

Zugleich aber, und das lässt die Antwort schwierig werden, sahen viele Gesprächspartner doch auch konkreten Handlungsdruck, wünschten sich Veränderungen in Heidelberg – hier und jetzt. Vom »frischen Wind« war schon die Rede, auch vom Überwinden einer Haltung, die sich »progressiv« wähnt, in Wahrheit aber alles so lassen möchte, wie es ist. Auch das Nebeneinander von Stadt und Universität, das so weit ging, dass sich die Frage nach der »Lufthoheit« über ganze Stadtteile zu stellen schien, erschien manchen im »bilateralen Modus« möglicherweise nicht überwindbar. Da wäre ein neutraler Dritter, so dachten wohl viele, ein probates Mittel, um die Verhältnisse in Bewegung zu bringen. Das alles wären Möglichkeiten

10) zitiert nach IBA Heidelberg 2011, Seite 42

gewesen. Sie wurden daher in den Interviews zumeist im Konjunktiv behandelt. Es mag also durchaus konkrete Probleme gegeben haben, aber sie wurden in der offiziellen Programmatik nicht benannt – und sie wären, betrachtet man etwa die Moderationsaufgaben zwischen Stadt und Universität, von einer städtischen Gesellschaft auch gar nicht zu lösen gewesen.

Es gab (und gibt) also keine Push-Faktoren, die als Problem, Aufgabe und Auftrag klar zu benennen wären – und um die sich nicht schon andere Akteure kümmerten.

Auf die Frage, was denn die IBA Heidelberg will und macht, blieb es also bei intellektuell sehr anspruchsvollen, allerdings noch der Konkretisierung bedürftigen Antworten, wie sie sich etwa im Memorandum finden.

Es ist zwar durchaus für Internationale Bauausstellungen kennzeichnend, dass sie sich in ihren programmatischen Diskursen oft auf einem abstrakten Niveau bewegen und vorwiegend an Fachöffentlichkeiten richten. Der konkrete Handlungsdruck, der bei anderen IBAs den Ausgangspunkt ihrer Arbeit bestimmt, hat jedoch die hilfreiche Funktion, dass er die Aktivitäten der Planungsgesellschaften in der öffentlichen Wahrnehmung sozusagen »erdet«. Man weiß zumindest, welchem Problem ihre Tätigkeit gilt. Das ist in Heidelberg nicht der Fall. Viele der kommunikativen Bemühungen in den ersten IBA-Jahren in Heidelberg sind daher dem Versuch gewidmet, die Herausforderung einer Wissensstadt, die sich als *Knowledge Pearl* versteht, soweit zu konkretisieren, dass sich Aufgaben und Projekte für die Stadtentwicklung identifizieren lassen. Das ist eine anspruchsvolle und mühselige Arbeit für alle Beteiligten und bindet erhebliche Ressourcen. Trotz dieser Bemühungen blieb – die Interviews zeigen das – für viele in der Stadt und darüber hinaus noch wenig greifbar, was die IBA zu leisten vermöchte.

Womit sich ein kommunikativer Hinsicht eine Art Teufelskreis schließen kann: Solange es bei einer allgemeinen Programmatik bleibt und noch keine Projekte existieren, mit denen und durch die sie sich erklärt, bleiben die Inhalte der Kommunikation abstrakt. Und solange die Kommunikation abstrakt bleibt, steigt der öffentliche und politische Druck, doch etwas vorzuweisen.

Grundsätzlich setzt der Anspruch, möglichst bald greifbar werden zu lassen, welche Aufgaben man mit welchen Zielen wie bearbeitet, alle Akteure, die mit Veränderungsanspruch auftreten, unter Druck. Der aber potenziert sich, wenn nicht einmal die Aufgaben deutlich sichtbar oder zumindest handfest benennbar sind.

Kooperationsinteresse? Nutzen?

Warum sollten die Akteure in den IBA-Handlungsfeldern ein Interesse an der Mitwirkung haben? Viele der großen Player scheinen sich, wie oben gezeigt, die Frage zu stellen und abschlägig zu beantworten: »Warum soll ich da mitmachen? Was bringt mir das – außer zusätzlichen Komplikationen?« In der Tat: Wenn sie keinen akuten Handlungsdruck empfinden, der aus eigener Kraft nicht zu lösen ist, müsste es ja andere gute Gründe geben, warum sich Wissenschafts- und Bildungseinrichtungen, Immobilienunternehmen und andere große Akteure auf Experimente mit der IBA einlassen sollten. Öffentliche Förderung ist in der Regel ein solcher Attraktionsfaktor, der auch zögerliche Interessenten zur Zusammenarbeit bewegen kann. Da hat die IBA Heidelberg allerdings wenig zu bieten, denn sie kann nicht den Zugang zu privilegierter Förderung vermitteln. Es bleibt die Hilfe bei der Mittel-Akquisition. Die kann, wie der Erfolg beim IBA-Projekt »Grünes Band des Wissens« zeigt, durchaus hilfreich sein. Ist aber keine verlässliche Basis, mit der die IBA werben könnte.

Im Ergebnis erweist sich die Partnersuche, auf die eine IBA in besonderer Weise angewiesen ist – denn sie baut und entwickelt ja nicht selbst –, sehr viel schwieriger als erwartet. Das gilt insbesondere für die Universität, die sich zwar der Idee von »Wissen | schafft | Stadt« gegenüber wohlwollend verhält, aber an konkreter Projektkooperation deutlich kein Interesse zeigt.

So ergibt sich das paradoxe Bild von zu vielen Akteuren, die eher keine Einmischung in ihre Angelegenheiten wünschen, und zu wenigen, die Kooperationsinteresse in gemeinsames Handeln umsetzen wollen oder würden.

Legitimation? Öffentlichkeitswirkung?

In früheren Auseinandersetzungen mit den Arbeitsweisen Internationaler Bauausstellungen als »Innovationsagenturen«[11] ist immer wieder darauf hingewiesen worden: Experimente bedürfen eines Schutzraumes (der »Werkstatt«, des »Labors«), in dem sie sich unbehelligt von Interventionen entwickeln. Das heißt unter anderem: Die Arbeit soll zunächst außerhalb des Aufmerksamkeitskegels von Politik und Öffentlichkeit vonstatten gehen. Denn frühzeitige Kommunikation über unfertige Ideen nach außen erzeugt in aller Regel störende Rückkopplungen. Bei der IBA Emscher Park, auf die sich viele der früheren Untersuchungen bezogen, war das der Fall: Ihre Arbeit fand über längere Zeit in einem von laufenden Legitimationszwängen entlasteten Raum statt – was auf die unabhängige Finanzierung der IBA und ihre politische Absicherung auf Landesebene zurückzuführen ist.

Bei einer intrakommunalen IBA – zumal in einer vergleichsweise kleinen und überschaubaren Stadt – scheint ein solcher »Schutzraum« nicht herstellbar zu sein. So steht auch die Arbeit der IBA Heidelberg von Anfang an unter permanenter Beobachtung – und damit auch unter Legitimationsdruck. Mehr noch: Ihre Auftraggeber erwarten, dass sie öffentlichkeitswirksam agiert. Diese Erwartung richten sich nicht nur auf die Präsentationszeiten, sondern auch auf den Arbeitsprozess selbst, womit drei Grundprobleme im Verhältnis der Internationalen Bauausstellungen zur Öffentlichkeit angesprochen sind:

- Im Vorbereitungsprozess gibt es wenig bis nichts zu zeigen. Das Bild der »Labore für Stadtentwicklung« macht das deutlich: Das sind Räume, in denen experimentiert werden kann und darf, wo viele erste Überlegungen im Sande verlaufen, Experimente scheitern, gelegentlich viel Rauch entsteht, ohne dass Sichtbares zurück bleibt usw.
- Auch in den Ausstellungsjahren selbst sind wesentliche Ergebnisse nur bedingt vorzeigbar. Denn oft geht es ja darum, Veränderungen in den Köpfen zu bewirken. Ob das gelungen ist, zeigt sich oft erst Jahre später. Es ist dann oft die Kunst kundiger Kuratoren, auch wenig Greifbares wirksam zu inszenieren, es hängt von einigen spektakulären Bauten ab, ob die Öffentlichkeit aufmerkt. Die wesentlichen Impulse aber, die nachhaltig Strategien der Stadtentwicklung vor Ort und anderswo ändern, sieht man nicht.
- Im Kern sind Internationale Bauausstellungen Prozesse und Veranstaltungen für ein Fachpublikum. Mit ihren oft sperrigen oder abstrakten Themen werden nach Überzeugung der Initiatoren zwar grundlegende Herausforderungen und zukunftsweisende Fragen angesprochen. Aber das sind zumeist nicht die Probleme, die jetzt und heute einer großen Zahl von Menschen alltäglich unter den Nägeln brennen. Ihre mäandrierenden, suchenden Arbeitsprozesse lassen sich kaum nach außen vermitteln. Und selbst die Projekte, die sichtbar werden, erfüllen vor allem dann ihren Zweck, wenn sie »verrückt« sind, also vom Üblichen abweichen. Kopfschütteln kann also auch ein Qualitätsnachweis sein.

Das hat in der Vergangenheit zu Anpassungen verschiedener Art geführt: Die Zwischenpräsentationen sind beispielsweise eine Reaktion darauf, dass man die Planungsgesellschaften nicht zehn Jahre abseits der breiten Öffentlichkeit werkeln lassen will. Das gilt auch für die Aufmerksamkeit, die man performativen Elementen und Inszenierungen aller Art in den IBA-Prozessen, zumal in den Präsentationsjahren beimisst. Und bei der Projektauswahl wird inzwischen auch darauf geachtet, dass ein ausreichender Anteil publikumswirksamer Vorhaben im Portfolio ist. Dabei hat sich zum Beispiel gezeigt, dass zivilgesellschaftliche Aktivitäten nicht nur die IBA-Arbeit bereichern, sondern auch eine Brücke zu den Öffentlichkeiten schlagen können, die nicht vom Fach sind. Das alles ist nicht zu kritisieren, kann sogar – vor allem dort, wo die Potenziale der Zivilgesellschaft aufgegriffen werden – zu wichtigen Impulsen führen. Aber letztlich bleibt es dabei: Wer Erfolg oder Misserfolg einer IBA vor allem an Breite und Stärke der öffentlichen Resonanz misst, verwendet den falschen Maßstab. Und wer diesen Maßstab bereits an den Prozess, vor allem an die ersten Jahre anlegt, hat (zugespitzt ausgedrückt) das Wesen einer IBA nicht verstanden.

---

11) vgl. Ibert, 2003, und Selle, 2005

David und Goliath? Die strukturelle Überforderung der IBAs als Innovationsagenturen

David ist eine Identifikationsfigur. Der Kleine gegen den Großen. Der Feine gegen den Groben. Daran mag es liegen, dass man dem David – ist ein Akteur einmal als solcher identifiziert – gern Unmögliches zutraut. Und ist er zu diesen Heldentaten nicht in der Lage, macht sich gern Enttäuschung breit.

Bezogen auf unser Thema heißt das: Wenn einmal Innovationsprozesse in Gang gesetzt wurden, erwartet man viel von ihnen. Nicht nur das jeweils in Angriff genommene Projekt soll erfolgreich bearbeitet werden, sondern weit darüber hinaus reichende Veränderungen werden erwartet: Ob nun im Altbauquartier ein experimentelles, soziokulturelles Projekt gleich die ethnischen Spannungen im Quartier aufzulösen hat, ob mit einer IBA binnen weniger Jahre die ökologische und ökonomische Modernisierung einer ganzen Region bewirkt werden soll oder die Wissensstadt der Zukunft konzeptionell und mit spektakulären Projekten anzugehen ist – zumeist werden die Möglichkeiten und Reichweiten der von den IBAs zu bewirkenden Neuerungen systematisch überschätzt. Vier Gründe mögen diese Fehleinschätzungen erklären:

- Man sitzt dem Wort »Innovation« auf und unterstellt tatsächlich die gleichsam sich im Selbstlauf vollziehende Verbreitung einmal erfolgreich eingeführter Neuerungen.
- Die Innovationsagenturen werden zu Gefangenen der eigenen Legitimationsbemühungen: Um die für den Suchprozess notwendigen Ressourcen einzuwerben und die politische Unterstützung zu beschaffen, ist man vielfach geneigt, weitreichende Wirkungen in Aussicht zu stellen. Vieles, wenn nicht alles soll besser werden, sofern die notwendigen Mittel für erste Modellprojekte bereitgestellt werden. Und selbst kundige Akteure übersehen in den Startphasen interessanter Projekte gern, dass die in Aussicht gestellte Reichweite weit über das tatsächlich Mögliche hinausschießt.
- Zu vielen Innovationsprozessen gehört explizit oder implizit eine Kritik an bestehenden Verhältnissen und damit auch an den Akteuren, die die vorherrschende Praxis prägen. Dass dies nicht auf ungeteilte Zustimmung stößt, versteht sich. Und insofern ist auch erklärbar, dass hier Druck und Gegendruck entstehen, wobei die Kräfteverhältnisse ungleich sind und bleiben.
- Insofern ist es nahe liegend, dass gerade die Kritiker der Neuerungen an die – aus oben erwähnten Gründen – oft überzogenen Ansprüche erinnern, sie zum Maßstab machen und so unschwer das Scheitern des Experiments konstatieren können.

Goliath steht hier nicht für eine mächtige Figur in der lokalen Arena. Sondern für etwas, das mächtiger ist als ein einzelner Akteur es sein kann: die Kraft des Bestehenden, des Gewohnten, des Weiter-wie-bisher, des Wozu-soll-das-gut-sein. Ist die Kraft dieses Goliath nicht durch Krisen und konkreten Handlungsdruck geschwächt, hat David keine Chance. Seine »Waffen«, also die Überzeugungsarbeit, die Kraft der Beispiele an anderen Orten, entfalten keine Wirkung. Eine Lösung wie in biblischen Zeiten ist da nicht zu erwarten.

Und nun: Neustart für die IBA Heidelberg?

Kommen wir zurück auf die eingangs gestellte Frage, ob und wie Handlungsfähigkeit entsteht, so lässt sich für intermediäre Organisationen nach Art Internationaler Bauausstellungen festhalten, dass sie aus Ratlosigkeit entstehen und ohne eigene Macht zwischen vielen Stühlen sitzend bei unsicherer Aussicht auf Erfolg operieren müssen. Bewegen werden sie aus eigener Kraft wenig können: Nur wenn viele und/oder gewichtige Partner im Schnittbereich gemeinsamer Interessen erheblichen Handlungsbedarf sehen – und traditionelle Lösungswege nicht aussichtsreich erscheinen –, wären Voraussetzungen für den gemeinsamen Aufbruch zu innovativen Projekten gegeben. Dies war und ist in Heidelberg bislang nicht der Fall.

Nun stellt sich die Frage, ob man sich eher an dem, was ist, orientiert oder weiter Ziele, Inhalte und Arbeitsweise einer Internationalen Bauausstellung anstrebt. Im ersten Fall wäre die IBA GmbH so etwas wie eine kommunale Planungs- und Projektgesellschaft für besondere Aufgaben. Aber selbst um eine solche Funktion wahrnehmen zu können, müssten Aufgabenfelder und Handlungsspielräume klarer und verbindlicher definiert werden. Zugleich wäre zu klären, mit wem die so eingegrenzten Projekte umgesetzt werden könnten. Denn die GmbH ist ihrer Stellung und Ausstattung nach eine Planungs-Gesellschaft, eine Ideenschmiede, bedarf daher, um sichtbare Ergebnisse zu erzeugen, mitwirkungsbereiter Entwickler und Investoren.

Sollte aber am eigentlichen IBA-Anspruch festgehalten werden und die Bereitschaft bestehen, sich auf ungewohnte und risikobehaftete Pfade in den Gefilden von »Wissen | schafft | Stadt« zu begeben, dann müsste zu allererst nachgeholt werden, was bei der Gründung versäumt wurde. Das könnte in der Form eines Neustarts geschehen: Es gelte, zunächst die Partner, allen voran das Land, aber auch lokale Akteure zumal aus der Wissenschaft, verbindlich in das IBA-Projekt einzubeziehen, konkrete Ziele gemeinsamer Arbeit zu vereinbaren und auf dieser Grundlage auch kommunal das Bekenntnis zur IBA zu erneuern – und ihr zugleich die notwendigen Gestaltungsmöglichkeiten und Handlungsfreiheiten zuzubilligen.

Wären diese »Hausaufgaben« in Sachen *Governance* erst einmal nachgeholt, dürfte man gespannt auf das schauen, was sich in den nächsten Jahren in Heidelberg entwickeln wird. ◼

Literatur
BMVBS (Bundesministerium für Verkehr, Bau und Stadtentwicklung): Die Zukunft Internationaler Bauausstellungen. Internationale Fallstudien und ein Monitoringkonzept. Reihe Werkstatt Praxis des Bundesinstituts für Bau-, Stadt- und Raumforschung H .74, Berlin 2011
Harald Bodenschatz u. a.: Learning from IBA – die IBA 1987 in Berlin. Berlin 2010
Sabine Marion Burggräf: Der Weg der Idee. Eine Nachuntersuchung zur Internationalen Bauausstellung Emscher Park in den 1990er Jahren. Diss. TU Dortmund 2013
Deutscher Bundestag: Bericht der Enquete-Kommission »Globalisierung der Weltwirtschaft«, Bundestagsdrucksache 14/9200 v. 12. 6. 2002 (2002b) (http://dip21.bundestag.de/dip21/btd/14/092/1409200.pdf)
Sarah Ginski, Klaus Selle, Fee Thissen, Lucyna Zalas: Multilaterale Kommunikation. Die Perspektiven der Fachleute. Bericht über die Ergebnisse einer Interviewserie (Teil 1). In: pnd | online II/2016 (www.planung-neu-denken.de)
Hartmut Häußermann, Walter Siebel (Hrsg.): Festivalisierung der Stadtpolitik. Stadtentwicklung durch große Projekte. Leviathan Sonderheft 13/1993, Opladen 1993
Patsy Healey: Communicative Planning: Practices, Concepts, and Rhetorics. In: Sanyal Bishwapriya u.a. (Hrsg.): Planning Ideas that Matter. Cambridge/ London [MIT] 2012, Seite 333 ff.
IBA Heidelberg: MEMORANDUM Internationale Bauausstellung Heidelberg. Perspektiven der Europäischen Stadt in der Wissensgesellschaft. Heidelberg 2011
Oliver Ibert, Hans Norbert Mayer: Innovation im Kontext der Weltausstellung Hannover 2000. Der neue Stadtteil Hannover-Kronsberg. In: Heidi Müller, Klaus Selle (Hrsg.): EXPOst, Großprojekte und Festivalisierung als Mittel der Stadt- und Regionalentwicklung: Lernen von Hannover. Hannover / Aachen / Dortmund 2002
Oliver Ibert: Innovationsorientierte Planung. Verfahren und Strategien zur Organisation von Innovation. Stadt, Raum und Gesellschaft, Bd. 19, Opladen 2003
Heiderose Kilper: Die Internationale Bauausstellung Emscher Park. Eine Studie zur Steuerungsproblematik komplexer Erneuerungsprozesse in einer alten Industrieregion. Wiesbaden 1999
Wolf Reuter: Planung und Macht: Positionen im theoretischen Diskurs und ein pragmatisches Modell von Planung. In: Uwe Altrock u. a. (Hrsg.): Perspektiven der Planungstheorie. Berlin 2004
Gunnar Folke Schuppert: Governance – auf der Suche nach Konturen eines »anerkannt uneindeutigen Begriffs«. In: Gunnar Folke Schuppert, Michael Zürn (Hrsg.): Governance in einer sich wandelnden Welt. Politische Vierteljahresschrift, Sonderheft 41/2008, Seite 13 ff.
Gunnar Folke Schuppert: Governance by Communication. In: Forum Wohnen und Stadtentwicklung, Heft 3/2015, Seite 132 ff
Klaus Selle: Stadtentwicklung als Verständigungsaufgabe: Alte Einfalt, neue Vielfalt? Ein Vortrag. In: Raum-Planung, Heft 5/2016 (2016a)
Klaus Selle: Kommunikative Interdependenzgestaltung in Prozessen der Stadtentwicklung. Eine Geschichte der Entdeckungen. Teil 1: Alle im Blick? Wie die Fachleute des Planens und Entwickelns der Akteursvielfalt gewahr wurden. In pnd|online, Ausgabe II/2016 (www.planung-neu-denken.de) (2016b)
Klaus Selle: Innovationen: Fragezeichen. Klärungsbedarf bei der Diskussion um und der Verbreitung von Neuerungen. In: ders.: Planen. Steuern. Entwickeln. Dortmund / Detmold 2005, Seite 271 ff.
Klaus Selle (Hrsg.): Der Beitrag intermediärer Organisationen zur Entwicklung städtischer Quartiere. Beobachtungen aus sechs Ländern. 7 Bde., Darmstadt / Dortmund 1991 (1991a)
Klaus Selle: Planung als Vermittlung. Anmerkungen zum Vordringen intermediärer Akteure. In: Klaus Novy und Felix Zwoch (Hrsg.): Nachdenken über Städtebau. Bauwelt Fundamente, Bd. 93/1991, Seite 117-129 (1991b)
vhw | Verband Wohnen und Stadtentwicklung (Hrsg.): Mittler, Macher, Protestierer. Intermediäre Akteure in der Stadtentwicklung. Entwurf eines Debattenbuches. Berlin 2015

Exkurs | Wolfgang Bachmann

Spekulationen über die unsichtbare Stadt

SCHLAUMEIER CITY

Ja, wie wird sie nun, die Stadt des Wissens ⬆? Prognosen sind immer riskant. 1894 sagte die britische *Times* voraus, dass bis 1950 der Pferdemist auf jeder Straße in London drei Meter hoch liegen werde. Damals eine simple Berechnung, ausgehend von einer weiterhin drastischen Zunahme der Fuhrwerke. Dann kam das Auto mit Verbrennungsmotor, was das Problem der Emissionen verändert hat. Ob gut oder schlecht, also eine Bewertung, gehört nicht zu den wissenschaftlichen Zielen der Zukunftsforschung, die uns Informationen über die weitere gesellschaftliche und technische Entwicklung liefern soll. Vielleicht sind deshalb Trendforscher bei der Industrie so gut im Geschäft, weil ihre Vorhersagen dem Management genügend Spielraum zur unternehmenseigenen Interpretation lassen.

Vor 50 Jahren spekulierte der fortschrittsgläubige Informationstheoretiker (und spätere Autor der Neuen Rechten) Karl Steinbuch über künftige Nachrichtentechniken. Dazu schrieb er das ihm Bekannte fort und sagte vorher, dass wir in absehbarer Zeit unser Wissen als »automatische Belehrung« über das öffentliche Fernsprechnetz einsammeln würden. Auch das alte Fernsehen sah er als Vehikel für neue Kommunikations- und Bildungschancen. Er stellte sich vor, zukünftig einen maschinengeschriebenen Brief (oder eine Banküberweisung) in das Betrachtungsfenster einer Kameraröhre zu legen, mit einem Zeichen erkennenden Gerät abzulichten, als »elektrische Informationsübertragung« um die Welt zu schicken und anderorts erneut lesbar zu machen. Amüsieren muss uns das nicht, denn Steinbuch lag zwar mit der Lösung falsch, hatte aber die Handlungsfelder richtig erkannt. Von einem *Update* der Stadtplanung war bei ihm nicht die Rede.

Eine Generation weiter, Mitte der 1990er-Jahre, führte Florian Rötzer den Begriff *Telepolis* ein. Jetzt gab es das Internet, das aber selbst in einigen Zeitschriften-Redaktionen nur vorbehaltlich benutzt werden durfte, weil Surfen als arbeitsferne Freizeitbeschäftigung galt. Von wegen Wissenstransfer! Zehn Jahre später hat man die Redakteure geradezu gehetzt, irgendein Lebenszeichen ins Netz zu stellen, egal was, es ging nur um *Traffic*, um täglich neu platzierte Mitteilungen, die den »Usern« die Nähe und Geistesgegenwart des Verlags beweisen sollten. Telepolis für die Generation Praktikum, schon ganz wie in der interaktiven Stadt am Netz!

Wolfgang Bachmann (*1951), Architekturstudium RWTH Aachen, ehem. Chefredakteur Baumeister; seit 2014 freiberuflicher Journalist

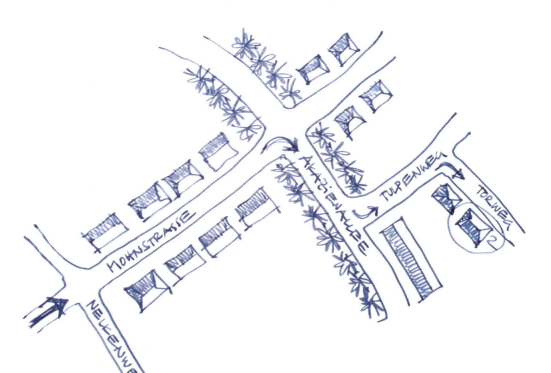

Dort werden in Zukunft traditionelle Funktionen ortlos erfüllt. In der unter Hans Stimmann in Berlin versuchten Rückholung der europäischen Stadt ⬆ erkannte Rötzer deshalb »nur eine hilflose und nostalgische Reaktion auf die Mobilität gesellschaftlicher Prozesse«. Das sei in der Ära der elektronischen Medien eine Simulation für die »zeitgenössischen Wachsfigurenkabinette«, für diejenigen, die »auf der Suche nach dem Authentischen sind«. Rötzer setzte dagegen auf die Geometrie des Fraktalen, aus der eben nicht das Chaos einer dekonstruktivistischen Stadt entstehe. Das sei populistischer Nonsens, um die Bürger zu erschrecken, die sich »insgeheim am Bild einer Stadt, das aus dem späten Mittelalter stammt«, orientierten. Wie jedoch ihre materielle Agglomeration künftig aussehen könnte, wollte der Autor nicht beantworten: »Moderne Architektur hat zwar beeindruckende einzelne Gebäude geschaffen, aber keine gelungene urbane Lebenswelt – weder in den Vorstädten, noch in den Citys.« Und deutelte die Cyberwelt ⬆: »Hingegen sind in den Medien machtvolle und offenbar attraktive neue Lebensräume entstanden, die Architektur nur noch hoffnungslos kopieren kann.« Ob die »Lichträume« dieses digitalen Urbanismus ⬆ die »Sinfonie einer Großstadt« fortsetzen werden, ließ der Autor offen. »Die Zeit, in der man meinte, weitreichende Voraussagen und Planungen machen zu können, ist heute vorbei.« Die Avantgarde begnügte sich derweil mit dem Begriff »Möglichkeitsraum«.

Doch der Kapitalismus ist eine ehrliche Haut. Inzwischen, zwanzig Jahre später, setzen umsatzorientierte Online-Händler wieder auf die Anwesenheit von Kunden. Das anthropologisch Gegebene und kulturell Gewordene lässt sich wohl nicht restlos über Bord werfen. »Zunehmende Digitalisierung und stetige Vernetzung werden das Bedürfnis nach physischem, sozialem Kontakt nicht ersetzen, sondern ergänzen und mehr denn je einfordern«, prophezeit Thomas Beyerle, Leiter Research der Immobiliengesellschaft Catella. Wie die gebaute Stadt dann aussehen wird, wissen wir zum Glück noch nicht. ◤

Literatur
Karl Steinbuch: Die informierte Gesellschaft, Reinbek 1969 (Stuttgart 1966)
Karl Steinbuch: Falsch programmiert, München 1970 (Stuttgart 1968)
Florian Rötzer: Die Telepolis. Urbanität im digitalen Zeitalter, Mannheim 1995

Steffen Sigmund, Vorsitzender der Bürgerstiftung Heidelberg

Under Construction
Stadtentwicklung und Bürgerschaft

Unter dem Eindruck politischer ✦ Debatten und Auseinandersetzungen um lokale Bauprojekte oder kommunale Strukturentwicklungen formuliert die Bürgergesellschaft in den letzten Jahren immer öfter den Anspruch, Prozesse der Stadtentwicklung aktiv mitgestalten zu wollen. Der politischen Praxis der Stadtentwicklung mangelt es, so der Befund, an kooperativen Verfahren.

Die Interessen und Vorstellungen der Stadtgesellschaft ✦ werden nicht frühzeitig und angemessen eingebunden, und es hat sich eine Art *Stimulus-Response*-Modell etabliert, in dessen Folge die Bürger meist nur re-aktiv auf die Vorgaben der Entscheidungsträger antworten können. Themensetzung erfolgt einseitig durch die kommunalpolitischen Eliten, und im Konfliktfall wird die Lösung nach der Logik imperativer Vermittlung gesucht, bei der die verantwortlichen Akteure ✦ letztlich die bindenden Entscheidungen allein treffen.

Demgegenüber wird zunehmend darauf hingewiesen, dass der Erfolg und die Reichweite städtischer Entwicklungen entscheidend davon abhängen, diese als Gemeinschaftsaufgabe aller kommunalen Akteure – Stadtgesellschaft, Verwaltung und Politik – zu verstehen. Für eine kreative, innovative und breit akzeptierte Entwicklung des Sozialraums Stadt, so die normative Zielsetzung, bedarf es – neben der frühzeitigen Einbindung aller Beteiligten – formaler Verfahren und deren Erprobung im Rahmen konkreter Prozesse.

An die Stelle hierarchisch vorgegebener Entwicklungsziele und -lösungen muss ein dialogischer Vermittlungsprozess treten, der die Möglichkeit eröffnet, unterschiedliche Erwartungen zu formulieren und ideengenerierende Kompromisse zu finden. Denn erst über die Verschränkung der Ziele und Vorstellungen der Verwaltung sowie der Politik einerseits, mit den lebensweltlichen Werthaltungen und Wünschen der Stadtgesellschaft andererseits kann eine Neubestimmung der lokalen politischen Kultur gelingen.

Hierfür schaffen zunächst Entwicklung und Implementierung neuartiger kommunaler Partizipationsstrukturen und Beteiligungsverfahren notwendige Voraussetzungen. Die Handlungsfähigkeit der Bürger hängt davon ab, dass ihnen transparente Prozesse und Verfahren zur Verfügung stehen, damit sie sowohl alle relevanten Informationen bekommen, als auch ihre Vorstellungen verbindlich in die öffentliche Diskussion einbringen können.

Die Kraft der Bürger in solchen Prozessen beruht ja gerade darauf, sich spontan untereinander zu koordinieren und in deliberativen ↑ Prozessen angemessene Lösungen zu entwickeln.

Das lokale Wissen kann dann gleichberechtigt neben dem der Experten und der Politiker an Entscheidungsrelevanz gewinnen. Darüber hinaus bedarf es sowohl bürgerschaftlicher Akteure, die bereit sind, sich im Bereich der Wert- und Konfliktvermittlung zu engagieren, Entscheidungsprozesse mitzugestalten und hierfür auch Verantwortung zu übernehmen, als auch konkreter Gelegenheiten und spezifischer sozialer Gestaltungsräume, um dies zu erproben.

Dieser intermediäre ↑ Bereich hat sich in Heidelberg in den letzten Jahren nachhaltig neu strukturiert. Einerseits führten die Debatte um die Erweiterung der Stadthalle und der anschließende Bürgerentscheid dazu, dass sich viele Akteure ihrer gesamtstädtischen Verantwortung neu bewusst wurden, so dass gemeinsam neue Wege und Verfahren beziehungsweise Leitlinien für eine kooperative Stadtentwicklung entwickelt werden konnten. Damit solch eine Neustrukturierung der Verfahren zur Regulierung der Interdependenzen zwischen wichtigen kommunalen Akteuren gelingen kann, bedarf es andererseits auch gesamtstädtischer Entwicklungsperspektiven und Herausforderungen, die sich in spezifischen Problemstellungen konkretisieren lassen.

Gerade hierfür kommt der Internationalen Bauausstellung Heidelberg eine weitreichende Bedeutung zu. Ihrem Selbstverständnis als »Experimentierfeld des Städtebaus« oder eines »Labors auf Zeit« folgend, ist es der IBA möglich, mit Bezug auf Projekte und Orte innovative Denk- und Handlungsräume zu schaffen. Sie besitzt das Potential, den intermediären Bereich zwischen Bürgerschaft und Stadt konkret zu bestimmen, so dass neue Formen koproduktiver Stadtentwicklung entstehen und handlungsprägende Erfahrungen gemacht werden können.

Die Bürgerschaft hat nun die Chance, aber auch die Aufgabe, diesen sich neu formierenden, intermediären Raum genauer auszugestalten. Sie kann hierbei ein Repertoire an neuen Ideen, Vorstellungen, Regeln und Verfahren entwickeln und damit ausloten, inwiefern sich eine politische Kultur der wechselseitigen Anerkennung aller an der Produktion von Stadt Beteiligten etablieren lässt. ◢

Andreas Epple, Geschäftsführer der Epple Holding, Heidelberg

Die IBA muss liefern und gestärkt werden
Anmerkungen zur nahen Halbzeit des Ausnahmezustands

»IBA ist Ausnahmezustand auf Zeit.« Staunend, fast mit offenem Mund, hingen viele an den Lippen des IBA-Direktors Michael Braum, als dieser zum Beginn der IBA von einer Kultur des Wagens und Ausprobierens schwärmte und eine ganz neue Bau- und Prozesskultur beschwor, die auch vor Bürokratie- und Verordnungsveränderungen nicht haltmachen sollte. Damit reihte sich Michael Braum in die Tradition der ersten IBA 1901 auf der Mathildenhöhe bei Darmstadt.

Die IBA in Heidelberg hatte auch deshalb einen für Heidelberg phantastischen Rückenwind, samt einem nahezu einstimmigen Gemeinderatsbeschluss, weil es IBA-Direktor Michael Braum mit seinen – manchmal etwas langen aber immer – feurigen Reden verstanden hat, den Funken des Aufbruchs tatsächlich in die Herzen zu pflanzen, überzeugend von »Heidelberg goes Harvard« geredet sowie dem städtebaulichen und architektonischen Kleingeist expressis verbis den Kampf angesagt hat. Das öffnete der IBA die Herzen und die Köpfe der Heidelberger, die schon lange auf einen Heilsbringer dieser Art gewartet hatten.

Heidelberg erlebt seit dem Beginn der IBA eine beispiellose Serie von Workshops, Vortragsveranstaltungen, Kolloquien, Diskussionszirkeln und Foren, in denen auf hohem, oft höchstem internationalen Niveau mit Vertretern aus Stadt und Region über Stadtgestaltung, Stadtmöblierung, nachbarschaftliches Zusammenleben, Architektur und Städtebau diskutiert wird. Mit einem Sponsoring-Volumen aus Geld, Sachmitteln und Manpower im jährlich sechsstelligen Eurobereich stützt und fördert die lokale Wirtschaft die Anliegen und Veranstaltungen der IBA auf verschiedenen Ebenen.

Die IBA hat das Gespräch und das Nachdenken über Bauen und Architektur auf ein in Heidelberg vorher nicht gekanntes Niveau gebracht. Das ist ein großes Verdienst.

Unterschätzt wurde vermutlich, dass für den »Heidelberger an sich« die Diskussion und der Diskurs oftmals nicht Mittel sind, um etwas zu klären oder um Entscheidungen zu erreichen, sondern Zweck. Wenn viel diskutiert wird und am Ende nichts passiert, führt dies vielerorts zu Frustration, bei manchen Heidelbergern aber zu höchster Zufriedenheit.

Zwar wurde die IBA von der Stadt für den zehnjährigen IBA-Prozess bis zur großen, finalen Bauausstellung mit Geld für die Unterhaltung des IBA-Büros ausgestattet – immerhin

rund eine Million Euro pro Jahr –, aber nicht mit Bauprojekten oder Mitteln fürs Bauen. Zugleich sollte sich die IBA in die laufenden Großvorhaben »Bahnstadt« und Konversion nicht einmischen. Es gelang nicht, »Wissen | schafft | Stadt« als gemeinsames Anliegen von Stadt, Land und Universität zu betreiben.

Angesichts dieses Halbzeitstandes braucht die IBA ab jetzt konkrete Erfolge, wenn sie nicht als rein feuilletonistisches Phänomen in die Baugeschichte eingehen soll. Die IBA muss sich in und mit den IBA-Projekten baulich materialisieren, schnell und konkret.

Allerdings hat man der IBA nun, wenn auch spät, den Projektentwicklungsprozess des Areals Patrick-Henry-Village anvertraut. Der Erfolg dieser riesigen, einer IBA würdigen Aufgabe, wird für den Erfolg der IBA stehen. Wenn PHV ein großartiger, international beachteter Stadtteil wird, werden kommende Generationen Heidelberg zu dieser IBA gratulieren.

Das PHV kann zu diesem Erfolg werden, weil viele Heidelberger sich einen solchen Erfolg wünschen. Drei Voraussetzungen wären dafür zu schaffen:

- Ein breiter politischer Konsens kommt zustande, dass im PHV etwas ganz Besonderes entstehen soll und dafür alle Grundlagen geschaffen werden müssen, zum Beispiel im Nahverkehr, in der Infrastruktur und bei der Einbeziehung der Nachbarstädte, der Region, des Landes und des Bundes.
- Der gewollte Qualitätsmaßstab ist *Champions League* – nicht Regionalliga.
- PHV wird erst nach dem Ende der IBA fertig gebaut werden. Ein Qualitätssicherungsprozess wird installiert, der über die IBA hinausreicht und sicherstellt, dass die von der IBA kreierten Ideen baulich bis zum Detail umgesetzt werden.

Die Chancen sind groß. Bis fast zur Halbzeit ist es der IBA nur bedingt gelungen, ihr Anliegen der großen Mehrheit der Stadtgesellschaft verständlich zu machen. Stadt- und Projektentwicklung sind hochkomplex. Umso lohnender ist die Aufgabe, diese Komplexität nachvollziehbar zu erläutern und zu erklären. Die IBA könnte diese Aufklärungsarbeit insbesondere mit der Entwicklung des PHV beispielgebend leisten und damit der Heidelberger Stadtgesellschaft einen herausragenden Stadtteil und eine bleibende Baukultur hinterlassen.

Jürgen Odszuck, Erster Bürgermeister der Stadt Heidelberg

Ins Gelingen verliebt
Die IBA verbindet Gesellschafts- und Stadtentwicklung

Der Prozess der Internationalen Bauausstellung in Heidelberg zeichnet sich im Vergleich zu anderen IBAs durch den Anspruch aus, weit mehr als eine Bauausstellung, also eine Sammlung von Gebäuden und Anlagen zu sein. Es ist nicht ungewöhnlich, dass ein städtebauliches Thema den Schwerpunkt bildet. Der Anspruch jedoch, zusätzlich ein zukunftsweisendes, gesamtgesellschaftliches Thema zu wählen, ist neu und ambitioniert.

Der Leitgedanke der IBA Heidelberg »Wissen | schafft | Stadt« könnte leicht missverstanden werden in dem Sinne, dass hier Stadtentwicklung mit dem Fokus auf einen bestimmten, ja begrenzten Bevölkerungsteil zugeschnitten werden soll. Gerade wegen des Stellenwertes und des Nimbus' der Wissenschaften in unserer Gesellschaft könnte dieses Leitbild zu der Schlussfolgerung führen, dass eine ohnehin schon privilegierte Zielgruppe bedient werden solle. Aber das Gegenteil ist der Fall. In ihrem bisherigen Prozess hat die IBA untersucht, wie die wissensbasierte Gesellschaft von morgen aussehen und welche Bedürfnisse sie haben könnte. Dabei versteht sie diesen Gesellschaftstypus als nächsten Schritt in der Evolutionsgeschichte der Informationsgesellschaft – ihr gehören schließlich alle an. Es stellt sich also nun die Aufgabe, nicht nur die Bedürfnisse abzuschätzen, sondern diese in einen kreativen Prozess, in einen Schaffensprozess der Stadtentwicklung zu führen.

Zunächst hat sich die IBA mit der Frage befasst, was denn diese Bedürfnisse sind – letztlich, anhand welcher Kriterien sich Projekte messen lassen müssen, um diesem Anspruch gerecht zu werden. Es wurden fünf Aspekte ermittelt, die sich mit Fragen der gesellschaftlichen Vielfalt, des Austauschs und der Interaktion, mit Transferprozessen und schließlich auch mit Aspekten der Nachhaltigkeit befassen. Sie werden in diesem LOGbuch ausführlich beschrieben.

Was also dürfen wir erwarten, wenn wir uns die 2018 anstehende Zwischenpräsentation und im Jahre 2022 die Ausstellung selbst vor Augen führen? Woran muss sich die Stadt Heidelberg messen lassen, wenn sie den Erfolg der IBA bewerten möchte?

Natürlich wird es auch bei der IBA Heidelberg Bauliches und Gestaltetes geben, Dinge zum Anfassen, zum Ausprobieren, Orte für Erlebnisse und Erfahrungen.

Aber die IBA Heidelberg will sich mit ästhetischen architektonischen, (stadt-)landschaftlichen Reizen und technischen Leistungen eben nicht zufrieden geben. Einzelne bauliche Projekte müssen sowohl dem inhaltlichen Anspruch gerecht werden als auch eine baulich architektonische Antwort auf die gesellschaftlichen Fragen finden. Letztlich auf die Fragen, von denen wir heute meinen, dass sie künftig von großer Relevanz sein werden. Aber auch diese inhaltliche Metaebene ist der IBA Heidelberg noch nicht genug. Denn sie formuliert den Anspruch an sich selbst, dass es auch eine inhaltliche, erlebbare Verbindung dieser Projekte miteinander geben muss, um gleichermaßen gesellschaftliche und räumliche Teile Heidelbergs zu verbinden.

Neue Wege sollen also begangen werden, es soll der Versuch gewagt werden, noch nicht Gedachtes zu denken, Stigmata der Zeit zu erkennen und aus diesen Entwicklungsszenarien abzuleiten. Solche Versuche gab es auch in der Vergangenheit, und die Erfahrungen zeigen, dass mancher Irrtum hierbei durchaus wahrscheinlich ist. Dennoch bringt Heidelberg den Mut auf, diesen Weg zu gehen. Daher dürfen wir auch Beiträge erwarten, die vielleicht noch nicht gebaut, aber konzeptionell entwickelt sind, die in einer frühen Phase präsentiert werden. Diese werden zwar weniger leicht erfahrbar, aber ungewöhnlich und dadurch spektakulär sein, sie werden uns sicherlich einiges abverlangen. Und daher werden es gerade diese sein, die die IBA mit dem Thema »Wissen | schafft | Stadt« auch über die Ausstellung selbst im Jahr 2022 hinauswirken lassen und ihre Wirkung hoffentlich noch weit in die Zukunft tragen. Somit wird man den Effekt, ja den Erfolg der IBA Heidelberg eventuell Jahre später noch viel deutlicher erkennen können als während der Bauausstellung selbst.

Unter diesen Vorzeichen wird deutlich, dass bereits bei der Auswahl der Beiträge große Sorgfalt geboten ist und den Akteuren ↑ ein hohes Maß an Verantwortung zukommt. Welche Projekte, welche Konzepte halten diesen Anforderungen stand? Müssen alle Kriterien gleichermaßen erfüllt sein, oder genügt das eine oder andere? Welche Konzepte haben das Potential, im Laufe eines Qualifizierungsprozesses, also einer inhaltlichen und qualitativen Begleitung, wegweisenden Charakter zu bekommen? Wie viele Beiträge aus welchen Themenkreisen sind erforderlich, um auch dem städtebaulichen, dem gesamtstädtischen, dem gesellschaftlichen Anspruch gerecht zu werden? Und vor allem: Welche Akteure sind überhaupt willens und in der Lage, sich diesem Prozess zu stellen? Denn die IBA Heidelberg setzt im Gegensatz zum herkömmlichen Ansatz nicht vorwiegend auf öffentliche Projekte, sondern will alle Akteure der Stadtentwicklung ansprechen.

Durch diese Fragen wird deutlich, dass noch viel harte Arbeit zu leisten ist, dass die Messlatte hoch gelegt wurde. Ja, dass angesichts der Aufgaben und der Dauer dieses Prozesses der Ausdruck »Ausnahmezustand auf Zeit« gelinde gesagt untertrieben ist. Allein das bislang bereits in Qualität und Umfang Geleistete und die Unbeirrtheit der Beteiligten vermitteln das sichere Gefühl, dass diese IBA eine besondere werden wird und auf einem guten Weg ist. Man muss eben in das Gelingen verliebt sein. ◤

Michael Braum und Carl Zillich, IBA Heidelberg

Ausnahmezustand IBA
Städtebauliches Labor und intermediärer Akteur

QR Code zur
Langfassung des
Memorandums

2009 formulierte der IBA-Expertenrat des Bundes den Anspruch einer IBA sinngemäß derart: Sie soll Fragen des gesellschaftlichen Wandels auf ihre städtebaulichen und architektonischen Aspekte fokussieren, dabei modellhafte Lösungen in baukultureller, ökonomischer, ökologischer und sozialer Hinsicht entwickeln, die durch ihren programmatischen Ansatz ein internationales Interesse hervorrufen. Dazu muss eine IBA von allen Akteuren ⬆ als Ausnahmezustand auf Zeit akzeptiert werden.[1] Hier gelten andere Maßstäbe und manchmal auch Regeln als die üblichen.

Die IBA Heidelberg agiert pro-aktiv.[2] Ausgehend davon, dass der Übergang von der Industriegesellschaft zur Wissensgesellschaft erhebliche strukturelle Veränderung unserer Städte zur Folge haben wird, suchen wir Strategien und Ideen, welche die anstehenden Transformationsprozesse stadtentwicklungspolitisch vorbereiten, begleiten und räumlich wirksam werden lassen.

Dazu erfolgte 2013 zunächst ein Projektaufruf, der für die Erdung der IBA in der Stadtgesellschaft wichtig war, jedoch den ganzheitlich gesetzten Anspruch »Wissen | schafft | Stadt« nicht hinreichend abbildete. Deswegen wurden die im ersten Buchteil beschriebenen Leitthemen Wissenschaften, Lernräume, Vernetzung, Stoffkreisläufe und Koproduktion vom Kuratorium mit der Empfehlung erarbeitet, in den genannten Handlungsfeldern (siehe Seite 8) exemplarische Referenzprojekte zu erarbeiten.

Die IBA Heidelberg wird die passenden Partner, Standorte und Gelder für ihren Anspruch zusammenführen, um über die »Wissensstadt von morgen« anwendungsorientiert zu forschen. Es gilt, Ideen und Projekte in Richtung Exzellenz und internationaler Relevanz zu begleiten. Da keine eigenen Investitionsmittel zur Verfügung stehen, arbeiten wir mit folgenden Handlungsoptionen:

- Wir fördern vor Ort in Kooperationsveranstaltungen und in eigenen Formaten den Austausch mit der Stadtgesellschaft ⬆ sowie unterschiedlichen Zielgruppen.
- Wir initiieren projektbezogene Allianzen sowohl bei den lokal beziehungsweise regional Verantwortlichen in Politik und Verwaltung als auch auf Landes- und Bundesebene.
- Wir helfen über die Beauftragung von Gutachten und Testentwürfen, Diskussionen zu konkretisieren und Ambitionen bei den Projektbeteiligten zu wecken.
- Wir vermitteln mit Hilfe internationaler Referenzen in Fachkonferenzen den direkten Austausch Heidelberger Akteure mit Experten von außen.
- Wir öffnen Projektträgern durch unser internationales Netzwerk und das Renommee einer IBA Türen zu interessierten Projektpartnern.

---

1) Werner Durth: Ein Memorandum zur Zukunft Internationaler Bauausstellungen: Zehn Empfehlungen zur Durchführung einer Internationalen Bauausstellung. In: Internationale Bauausstellung IBA Hamburg (Hrsg.): Netzwerk IBA meets IBA. Zur Zukunft Internationaler Bauausstellungen. Berlin 2010, Seite 64-73

2) Stadt Heidelberg: Wissen schafft Stadt – Stadt schafft Wissen. Memorandum IBA Heidelberg. Perspektiven der Europäischen Stadt in der Wissensgesellschaft. Heidelberg 2012

- Wir sorgen als Kooperationspartnerin in Wettbewerben und Gutachterverfahren dafür, zukunftsweisende Resultate für ambitionierte Aufgabenstellungen zu finden.
- Wir stoßen mit ausgewählten Personen Strategieprozesse an, um mittelfristig die passenden Projekte zu erarbeiten beziehungsweise vorhandene, strategische Ideen mit den IBA-Potentialen zu verschränken.

So werden Grundlagen geschaffen, um aus den Laborsituationen herauszukommen, in denen modellhafte städtebauliche und architektonische Projekte entwickelt wurden. In ihrer Rolle als intermediärer Akteur gestaltet die IBA den Prozess, in dem an die »koproduzierte Stadt« hohe Gestaltungsansprüche gestellt werden.

Einige dieser Handlungsoptionen wurden bei der Erarbeitung der Entwicklungsvisionen für die »Wissensstadt von morgen« am Beispiel des ehemaligen Patrick-Henry-Village (PHV) in unserem Stadtlabor bereits zusammengeführt. International erfahrene Büros entwickeln auf Grundlage der Leitthemen neue Szenarien zur »Wissensstadt von morgen«, die auf dem Gelände räumlich umgesetzt werden.[3]

Die allgemeine Aufmerksamkeit für eine Internationale Bauausstellung wird auch zukünftig primär den zu realisierenden Projekten gelten. Die von der IBA konzipierten Prozesse, die zu solchen anspruchsvollen Projekten führen, sind darüber hinaus auf mehreren Ebenen relevant. Zum einen entfalten sie im Ergebnis internationale Strahlkraft. Zum anderen können sie zumindest teilweise Eingang finden in den Planungsalltag aller Beteiligten.

Denn die Internationale Bauausstellung Heidelberg versammelt ganz unterschiedliche Akteure der Stadtentwicklung, denen der Mut gemeinsam ist, Neues zu wagen. Neben Planern und Architekten sind es Menschen in Politik und Verwaltung, Bauherren und Nutzer, Institutionen wie Privatpersonen – sie alle suchen nach Möglichkeiten, die ein intermediärer Akteur wie die IBA bietet.

Noch ist es zu früh, um Bilanz ziehen zu können. Noch sind nicht alle Wunschpartner an Bord. Deutlich geworden ist jedoch bereits, wie viel Willen und Überzeugungsarbeit, aber auch Geduld vonnöten sind, um die iterativen Prozesse zwischen Behaupten und Zuhören, Entwerfen und Zusammenführen erfolgreich ausfüllen zu können. Mit dem von der IBA angeschobenen Prozess ist insbesondere mit den Überlegungen im Kontext des ehemaligen PHV ein wegweisender Schritt gemacht.

Der Erfolg der Internationalen Bauausstellung Heidelberg wird sich erst Jahre nach ihrem Präsentationsjahr 2022 erkennen lassen. Bereits heute steht jedoch fest, dass die in Heidelberg und darüber hinaus vorgefundene Risikobereitschaft unterschiedlicher Akteure Chancen eröffnet hat, um neue Praktiken des Planens, Bauens, Lernens, Forschens und Lebens anschaulich werden zu lassen.

---

3) Die Szenarien »Wissenschaft + Wirtschaft«, »Vernetzungen«, »Bildung + Lernräume« und »Urbane Stoffkreisläufe« werden in einer Koproduktion zusammengeführt. Daran beteiligen sich neben dem Züricher Büro von Kees Christiaanse die Büros MVRDV aus Rotterdam, Carlo Ratti aus Boston, ASTOC aus Köln sowie Ramboll – Dreiseitl + Bohn aus Überlingen + Brighton.

Wolfgang Bachmann, Ursula Baus

Das Glossar ... ↑

... erläutert Begriffe, zu denen die Autoren keine treffendere Formulierung finden konnten oder die im populären Sprachgebrauch zwar geläufig sind, aber gerade wegen ihrer weiten Verbreitung oft unscharf oder missverständlich verwendet werden.

Akteure

Eine unentbehrliche Personalbezeichnung im aktuellen Städtebau-Diskurs. Das Wort klingt großartig, man denkt an Artisten in der Zirkuskuppel, nicht an Träger öffentlicher Belange. Leider weiß man nie genau, wer damit gemeint ist. Es kann sich um individuelle Personen handeln, um engagierte Bürgerinitiativen, buchstäblich tätige Verwaltungsstellen, politische Entscheidungsträger, mächtige Konzerne: alle, die halt was machen. Gerade in der Finanzwirtschaft wird viel von Akteuren geredet, aber da hatten wir schon immer das Gefühl, dass etwas ohne unser Zutun auf unsere Kosten erledigt wird. Bruno Latour, der französische Philosoph, Wissenschaftshistoriker und Soziologe ging sogar noch weiter und sprach von einem »Akteursnetzwerk«, zu dem auch Klima, Maschinen, Boden und Ähnliches zu zählen seien. Also, Vorsicht mit Akteuren!

Arkan-Bereich

In der christlichen Kirche galt im 2. bis 5. Jahrhundert die *arcani disciplina*. Darunter verstand man den Brauch, die Feier von Taufe und Abendmahl vor Ungetauften geheim zu halten. Später wird damit in der Politik eine Handlungsweise bezeichnet, die undemokratisch im Geheimen Entscheidungen trifft. Der Anlass kann sein, bei drohenden Katastrophen Panik zu vermeiden, innenpolitisch gegen bestimmte Bevölkerungsgruppen vorzugehen oder militärische Maßnahmen einzuleiten. Im übertragenen Sinn wird damit ironisch das »Herrschaftswissen« umschrieben, die fachliche Kompetenz, die Laien oder Kollegen aus anderen Disziplinen ausschließt.

Big Data

Ein leidenschaftsloser Anglizismus. Offen bleibt dabei, ob es sich um eine Mengenangabe, eine Leistung oder womöglich eine Bedrohung handelt, die mit der rasanten Informationsverbreitung einhergeht, sprich: der »Wissensaggregation« in der Ära digitaler Kommunikation. Bei B.D. darf man an Goethes Ballade vom Zauberlehrling denken, nur handelt es sich hier um keine ungebändigten Wassermassen, sondern unstrukturierte, exponentiell wachsende Datenströme, die sich nicht einfach sammeln und auswerten lassen. Diese Masse an ortlosen Informationen provoziert eine Fülle an Aktivitäten zur Analyse und kommerziellen

Nutzung, was zu automatisierten und intransparenten Entscheidungsprozessen führen wird. Nicht auszuschließen, dass ein »Lifestyle-Konfigurator« dann große, heterogene Datenmengen unterschiedlicher Herkunft zu handlungsrelevanten Aussagen sammelt. Die Hexenmeister bleiben unsichtbar.

Commitment

Übereinstimmung, Zustimmung – ein unentbehrlicher und beliebig gebrauchter Anglizismus im aufstiegsorientierten Management. Der Grad der Kongruenz bleibt dabei offen, was im Geschäftsleben zu den bekannten Missverständnissen führt, wenn man sich bei einem Meeting »commitet«. Es kann sich um ein Lippenbekenntnis, erhöhte Leistungsbereitschaft und Übernahmeverantwortung, um Engagement, Festlegung, Parteinahme, um ehrliches Bemühen, eine verbindliche Zusage, klare Zielidentifikation, suggestive Verpflichtung oder protokollarische Absichtserklärung handeln – damit der Workshop schließlich ein Ende findet.

Cutting Edge

Metaphorisch wird an die scharfe Klinge eines Messers erinnert. Als Attribut bezeichnet C.E. einen Höhepunkt, der zeitlich, inhaltlich, technisch, materiell oder künstlerisch nicht mehr zu übertreffen ist, also die höchste Stufe eines Produkts oder einer Leistung.

Cyberwelt

Mit dem schillernden Präfix Cyber- wird gerne »cool« an die juvenile Sub-Kultur der Clubs erinnert. Es geht dabei weder um die futuristische Mode, noch um die technoide Musik der Szene. Mit »Cyber« wird im Feuilleton hinreichend ungenau die Umgebung bezeichnet, die von Computern, Internet und virtuellen (also möglichen, aber nicht physisch greifbaren) Phänomenen geprägt ist. Diese »Welt« lebt von der Verbindung sozialer Beziehungen mit der Ebene der Netzwerkrealität, die als Wissens-, Informations- und Unterhaltungsressource dient. Dabei generieren Plattformen wie Facebook den Nutzern eine neue Öffentlichkeit. In der fiktionalen Literatur bezeichnet »Cyborg« schließlich ein Mischwesen aus lebendigem Organismus und Maschine, »Cyberspace« den von Computern erzeugten räumlich erlebbaren Datenraum.

Deliberation, deliberativ

Hat nichts mit dem Niedergang einer kleinen politischen Partei in Deutschland zu tun. In der Salon-Konversation wurde »deliberiert« (lat.), also überlegt, bedacht, beraten. Jetzt kam der im Englischen geläufige Begriff als Adjektiv zurück und bezeichnet, dass etwas absichtlich, sorgfältig, auch provozierend geschieht. Steht nicht im Duden.

Diversität, Diversity

Der Begriff ließe sich sehr einfach mit »Vielfalt« übersetzen. Die Soziologen haben D. allerdings als Bezeichnung für eine ihrer bahnbrechenden Erkenntnisse übernommen: Menschen sind unterschiedlich, und das gelte es zu akzeptieren. In den USA ging es dabei ursprünglich darum, die rassistische Geringschätzung der dunkelhäutigen Bevölkerung zu bekämpfen. Bemerkenswert ist, dass es inzwischen ein »Diversitätsmanagement« gibt. Denn auch Personalabteilungen in Betrieben aller Art stellten fest, dass die Belegschaft vielfältig ist und am profitabelsten beschäftigt wird, wenn jeder nach seiner Fasson arbeiten kann. Im globalen Kontext übt man sich in »interkultureller Kompetenz«.

DNA

(dt. DNS) Vor einer Generation galten die drei Buchstaben für den Zungenbrecher Desoxyribonukleinsäure noch zum anspruchsvollen Abiturwissen im Fach Biologie. Heute lernt man von den mit Wattestäbchen ermittelnden Tatort-Kommissaren, dass mit dem Nachweis dieses Biomoleküls ein unverwechselbarer genetischer Fingerabdruck gewonnen werden kann. In unserem Kontext diente der Fachbegriff zur Erläuterung der »Perlen-Metapher«, mit der die je eigene wissensbasierte ↑, glänzende Entwicklung von Universitätsstädten als »Wissensperlen« beschrieben wird.

Dystopie, dystopisch

Sollte man sich Gedanken machen, wenn ein Wort inflationär einen möglichen Zustand der Welt beschreibt? Müssen wir uns fürchten, oder wird damit nur kritische Aufmerksamkeit vorgetäuscht, wenn über alles Handeln zukunftspessimistisch orakelt wird? Zunächst als fiktionale Erzählung ein literarisches Genre hat D. mittlerweile die Qualität eines realen, auf nahezu allen Gebieten anzutreffenden Untergangsszenarios erreicht. Offen bleibt, ob damit auf Fehlentwicklungen hingewiesen werden soll, ob die D. also im günstigen Fall ebenso unerreichbar bleibt wie die Utopie ↑.

E

Europäische Stadt

Sehnsuchtsbegriff, wird vor allem in konservativen Architektenkreisen als Leitbild beschworen, als verdichteter bürgerlicher Wohn- und Handelsort mit Kirche, Rathaus, Marktplatz und traditionell eingefügten Häusern. Damit nicht populistische Gruppierungen sie zum rückwärtsgewandten Leitbild für Sauberkeit und Sicherheit verklären, muss der Begriff entrümpelt werden: »Die Europäische Stadt ↑ übernimmt Elemente anderer Stadttypen, so wie sie Immigranten und andere Kulturen aufnimmt – sie braucht diesen Zugewinn. Sie ist ein sich ständig veränderndes Amalgam und gewinnt in der Transformation ihre Stärke« (Peter Zlonicky).

Expats

Wenn man das englische Wort undeutlich ausspricht (»*experts*«), führt es zwar semantisch in eine falsche Richtung, inhaltlich passt es jedoch für die damit bezeichneten Personen. E. ist eine gängige Abkürzung für *expatriates* – das sind Menschen, die vorübergehend oder ständig in einem Land leben, in dem sie nicht sozialisiert wurden. Man versteht darunter jedoch keine dem Krieg entkommenen Flüchtlinge oder einfach »Gastarbeiter«, sondern hoch qualifizierte Wissenschaftler oder leitende Angestellte mit gutem Einkommen. »Sie zahlen für die Anreise in ihr neues Gastland in der Regel weniger als der gemeine Immigrant aus Eritrea oder Syrien«, so Kai Strittmatter in der SZ vom 2./3. Juli 2016 über die »Luxusmigranten«. Problematisch ist, dass E. häufig die Landessprache nicht beherrschen und sich gegenüber den Lebensgewohnheiten ihrer neuen Heimat isolieren.

gestaltrichtig

Ein Begriff, den der Duden nicht kennt. Beginnen wir mit dem Wortteil »Gestalt«. Gestalt spielt in der Ästhetik eine maßgebliche Rolle und bezeichnet generell Erscheinungsformen, was Philosophen und Dichter wie Christian Wolff, Immanuel Kant, Friedrich Schiller und viele andere in einem philosophischen Kontext verdeutlichten. In seinem »Erlkönig« bringt es der Dichterfürst Goethe auf den Punkt: »Ich lieb' Dich, mich reizt Deine schöne Gestalt.« Ja, eine Gestalt kann schön oder hässlich oder vieles dazwischen sein – problematisch wird es, wenn ein moralisches Attribut hinzugesetzt wird. In der Geschichte des Designs denken wir beispielsweise an Max Bill und sein 1957 erschienenes Buch »Die gute Form«: Die Rede war dabei auch von erlernbarem, gutem Geschmack – unverkennbar war der dahinter steckende Dogmatismus. Und jetzt zu »gestaltrichtig«: Eine Gestalt ist, wie sie ist – richtig oder falsch eher nicht, weil sie als ästhetische Kategorie dem subjektiven (Geschmacks-)Urteil unterliegt. Wer weiß schon, was die »richtige« Gestalt sei? Ist sie schön? Das Wort »gestaltfalsch« kennt der Duden auch nicht.

Governance, Multilevel G.

Ein Schlagwort aus den sozialwissenschaftlichen Disziplinen, das die Etablierung der EU begleitet hat. G. bezeichnet zunächst die Methode, Ämter oder Unternehmen zu führen, also eine Lenkungsform, wenn es um das »große Ganze« geht. Entsprechend volatil wird der Begriff verwendet. Unentschieden bleibt, ob es sich nur um eine Rahmenbedingungen analysierende Kategorie handelt oder ob damit ein Politikwandel gemeint ist. M.G. umfasst das über mehrere Ebenen quasi räumlich verwobene Beteiligungsmodell unterschiedlich Mitwirkender (um nicht Akteure ↑ zu sagen) an der Formulierung und Umsetzung staatlicher Politik. Auch dazu gibt es einen sperrigen Begriff: »akteurszentrierter Institutionalismus«.

Inklusion

Es gibt Begriffe, die ihre Zeit haben. Sie müssen gar nicht neu erfunden werden, sie gehören plötzlich zum Repertoire in einer bestimmten Umgebung, sie werden besetzt, gedeutet, bestenfalls eindeutig verwendet. I. ist ein aktueller Terminus aus der soziologischen Handlungstheorie, mit dem das Postulat bzw. der Prozess bezeichnet wird, bislang ausgeschlossene Mitglieder der Gesellschaft zu integrieren. Es kann sich um den gemeinsamen Schulbesuch von Kindern mit unterschiedlichen körperlichen oder geistigen Fähigkeiten handeln, in der gegenwärtig strittigen politischen Debatte wird damit die nicht diskriminierende, solidarische Aufnahme von Flüchtlingen in eine vorhandene bürgerliche Umgebung verstanden. Die Autoren in diesem Buch benennen mit I. auch die Vermischung »urbaner Kenntnis- und Kompetenzformen«.

Interface

Als I. bezeichnet man im Allgemeinen die Schnittstelle eines medialen Systems mit der Wirklichkeit, das der Kommunikation oder Unterhaltung dient. Sie ist definiert durch die Art und Weise, wie sie Information vom Nutzer annimmt, speichert oder an ihn weitergibt, also durch ein Programm. Die Darstellung auf dem Bildschirm unterscheidet sich jeweils durch das Layout, das Menü und die Befehlsstruktur. Im übertragenen Sinn wird damit der Ort bezeichnet, an dem Subjekte, Systeme oder Prozesse zusammentreffen und sich gegenseitig beeinflussen. Aber auch der Mensch selbst als Träger von Information lässt sich metaphorisch als I. betrachten, sofern er sein Wissen nicht hermetisch archiviert (womit es für andere unbrauchbar wird), sondern weitergibt. Florian Rötzer betrachtet auch Städte als Schnittstellen: »zwischen den Sterblichen und den Himmlischen, zwischen der profanen Macht und der Kirche, zwischen dem Staat und dem Land, zwischen der Welt und der Region und heute zwischen dem realen und virtuellen Raum, zwischen der materiellen Welt und derjenigen der Information«.

intermediär

Ein aus dem Lateinischen gebildeter, im Englischen populärer Ausdruck, der bezeichnet, dass sich etwas zwischen zwei Personen oder Institutionen ereignet. Geläufig in der Medizin und Geologie als Positionsbezeichnung: mittig. In prekären Situationen von Personen und Institutionen kennzeichnet i. folgerichtig auch eine komplexe Beziehung, die dem volksmundlichen »zwischen allen Stühlen sitzen« ähnelt. Konkretisiert weist dieses Sprachbild auf Gefahren hin, die dem positiven Ereignischarakter des englischen Ausdrucks keineswegs entsprechen.

L

Logiken

Wie beim Begriff Rationalitäten ↑ werden wir hier mit einem Plural konfrontiert, der es in sich hat. Logik bezeichnet allgemein eine Art Folgerichtigkeit einer Argumentation, Lehre und so weiter, auch wenn diese an sich ziemlich haarsträubend sein können. Strapaziert zwischen Erkenntnistheorie und gesundem Menschenverstand, ist die Begriffsgeschichte der Logik mittlerweile eine Wissenschaft für sich. Weitgehend durchgesetzt hat sich Logik in eingangs benannter Bedeutung, aus der sich ihr Plural erklärt: Logik der Dichtung, Logik des Handelns, Logik der Autolobby – mit dem Plural geht ein inflationärer Gebrauch einher, den wir auch vom Begriff »Kunst« kennen: die Kunst des Kochens, der Unternehmensführung, des Relaxens… Mal abwarten, wann die Werbe- und Beraterbranchen sich auf L. stürzen.

M

Matthäus-Effekt

»The winner takes it all« hieß in den 1980er-Jahren ein populäres Lied der Popgruppe Abba. Der Text über eine zerbrochene Liebesbeziehung illustriert im Refrain fatalistisch ein Theorem der handlungsbezogenen Soziologie, wie wir es im Matthäus-Evangelium finden: »Denn wer da hat, dem wird gegeben werden, dass er Fülle habe; wer aber nicht hat, von dem wird auch genommen, was er hat.« (Mt. 25,29). Wenn das zutrifft, mag es deprimierend sein, dass Erfolge vor allem auf früheren Erfolgen und nicht auf neuen Leistungen beruhen. Die heißt es mitzuteilen. Deshalb gilt in der Unternehmensführung die Maxime »Tue Gutes und sprich drüber.« Der Volksmund sagt es drastischer: »Der Teufel sch... immer auf den größten Haufen.« Im urbanen System von Stadt und Hochschule treffen mit dem M. objektive Voraussetzungen und atmosphärische Wahrnehmungen zusammen, so dass beide durch die positive Rückkopplung sogar doppelt profitieren.

Metabolische Stadtentwicklung

Dieser Neologismus wird durch ein Attribut aus dem Bereich der Biologie und Gesundheitsvorsorge näher bestimmt. Damit ist das Feld des Stoffwechsels gemeint, also die veränderlichen oder verändernden biochemischen Prozesse von Lebewesen. Dass man die Stadtentwicklung mit dem Wortschatz der Apotheken-Rundschau erläutert, deutet auf einen lebenswichtigen, sich selbst regulierenden Ablauf hin, mit dem alle wichtigen städtischen Funktionen im Ausgleich mit der Natur aufrechterhalten und umgewandelt werden sollen. »Nachhaltigkeit« darf bei der M. S. nicht nur ein Qualitätssiegel für die gewissenhafte Lebensweise in westlichen Gesellschaften auf Kosten ärmerer Regionen sein. Eine Anspielung auf die Metabolisten der 1960er Jahre in Japan (Tange, Kikutake), die mit ihren städtischen Großstrukturen den organischen Lebenszyklus auf die Architektur übertragen wollten, ist damit nicht gegeben.

Metropolregion

Ursprünglich handelte es sich lediglich um eine informelle Begriffsbeschreibung für eng verflochtene Regionen mit städtischem Charakter. 1995 hat der Beschluss der Ministerkonferenz für Raumordnung elf kulturell, wirtschaftlich und sozial einheitlich funktionierende Gebiete normativ festgelegt: »Als Motoren der gesellschaftlichen, wirtschaftlichen, sozialen und kulturellen Entwicklung sollen sie die Leistungs- und Konkurrenzfähigkeit Deutschlands und Europas erhalten und dazu beitragen, den europäischen Integrationsprozess zu beschleunigen.« Heidelberg ist Bestandteil der M. Rhein-Neckar.

P

Partikularismus, Partikularität

In der Politikwissenschaft meist abwertend gebrauchter Begriff. Er bezeichnet im Gegensatz zum Universalismus und Föderalismus das eigenmächtige Bestreben einer Landschaft oder Interessengruppe nach Unterscheidung und Sonderbehandlung. Ziel der Politik muss es sein, eine Balance zu finden, in der die unveräußerliche Singularität des Einzelnen zum konstitutiven Bestandteil der Gemeinschaft wird. Bestenfalls erkennen ihre Mitglieder, dass sie sich gegenseitig brauchen, dass sich ihre Unterschiede in Einklang bringen und Konflikte überwinden lassen.

politisch

Galt zur Zeit der Studentenbewegung als Wertbegriff, als Attribut für eine richtungsweisende Einflussnahme, Gestaltung und Durchsetzung von Forderungen und Zielen zugunsten der benachteiligten Mitglieder eines Gemeinwesens. Geläufig war der plakativ gebrauchte Begriff »Arbeiterklasse«. P. sein hieß, im weitesten Sinne »linke«, also sozialistische Auffassungen zu vertreten. Personen, Aktionen, vor allem Lehrinhalte an den Hochschulen wurden daran gemessen. In den 1970er Jahren wurde mit der sozial-liberalen Koalition p. zu einem positiv besetzten Begriff der »fortschrittlichen Kräfte«. Deshalb taucht er heute gerne als *Epitheton ornans*, als schmückendes Beiwort, im Architekturdiskurs auf, um Entwurf und Planung gesellschaftliche Wichtigkeit zu verleihen. Eine kritische Haltung oder solidarische Parteinahme ist damit nicht verbunden.

postfaktisch

»Fakten, Fakten, Fakten« lautete 1993 das Marketing-Mantra, mit dem sich ein neues Wochenmagazin aus München neben dem Platzhirsch aus Hamburg etablieren wollte. Die Zeitschrift gibt es noch, der Wert von Fakten ist im Politikgeschäft rapide gesunken. Postfaktisch heißt der neue, inflationär zitierte Terminus, und er klingt so solide, als sei er das gute Ergebnis einer Laboranalyse. Dabei werden wir in der Werbung seit je mit Superlativen über vermeintliche Produkteigenschaften beschallt, inszenierte Kauferlebnisse sollen ein gutes Gefühl vermitteln. Dass nun auch in der Politik Fakten verschleiert, verzerrt oder erfunden werden, ist nicht neu. Im schlimmsten Fall lösen sie Kriege aus, Bismarcks Emser Depesche schaffte das, aber auch die von Colin Powell der UN vorgestellten falschen Geheimdienstberichte.

Heute wird das politische Handeln wie selbstverständlich von nicht evidenzbasierten Behauptungen begleitet. Es geht darum, die Gefühlswelt des Publikums zu erreichen. Was der Bürger fühlt, wird zu seiner Realität. Früher sagte man: Lügen. Die Entscheidung für den Brexit oder der Wahlkampf Donald Trumps sind aktuelle Beispiele dafür. Die hier beschriebene Tatsache ist nicht neu, nur der Begriff wurde jetzt so geläufig, dass er 2016 zum »Wort des Jahres« gewählt wurde.

Rapid Prototyping

Darunter versteht man die schnelle Herstellung von (Muster-)Bauteilen aus Keramik, Kunststoffen oder Metallen. Bei dieser Fertigungstechnik wird mit einer CAD-Software ein 3-D-Drucker gesteuert, der Schicht für Schicht eines Pulver-, Flüssig- oder Plattenmaterials übereinanderlegt. Ein Laser erhitzt die Partikel genau dort, wo sie miteinander verschmelzen sollen. Bei einem anderen Verfahren wird das Material aus einer Düse versprüht. Populär ist R.P. in der Auto-, Luftfahrtindustrie und Medizintechnik. Damit lassen sich geometrisch komplexe Bauteile präzise und ohne Verschnitt herstellen. Bis die Dimensionen von Architektur und Städtebau erreicht werden, müssen wir uns noch gedulden.

Rationalitäten

Besonders im Plural dient der Begriff dazu, trotz seiner Bedeutungsvielfalt die damit bezeichneten Handlungen nach Zweck, Mittel und Konsequenz als unstrittig und vernünftig zu legitimieren. Sie bedürfen keiner Rechtfertigung oder Bewertung, weil sie in ihrem Kontext als Verbindung von Ursache und Wirkung einleuchten. Es können damit Denkweisen, Absichten oder Interessen beschrieben werden, jedenfalls folgen R. keiner universellen Räson. Manchmal muss man sich ihren Zwängen unterwerfen, manchmal auf ihre mustergültige Unwiderlegbarkeit berufen. Aber es kommt auch vor, dass man mit R. als Geplauder aus dem Nähkästchen übertölpelt wird. Logo!

Serendipity-Prinzip

Auch wenn man Anglizismen nicht ausstehen kann, besitzt dieser Begriff eine gewisse Berechtigung. Der künstlerischen Arbeit unterstellen wir gerne, dass sie der vom Verstand kontrollierten Leistung fern steht. Bei Ingenieuren und Naturwissenschaftlern erwartet man dagegen planvolles Handeln. Das trifft allerdings nicht zu. Gleich ob ein Maler einen Bildaufbau überlegt oder ein Komponist Töne setzt, beide werden nicht darauf vertrauen, dass ihnen willkürliche Einfälle ein großes Werk bescheren. Andererseits erreichen auch Wissenschaftler auf nicht geplanten, abenteuerlichen Umwegen das, was sie suchen – oder etwas völlig anderes. Im Englischen existiert dafür der Begriff *Serendipity*. Er wird mit Serendipität eingedeutscht, ein Wort, das eher eine komplizierte Behinderung bezeichnen könnte als eine unerwartete Entdeckung. Wenn wir in einem Text auf das Adjektiv *serendipitously* treffen, übersetzen wir es hilfsweise mit »glücklich«. Das trifft es jedoch nur ungenau. Das Wort wurde von einem Literaten gemünzt, von Horace Walpole (1717-97), dem Erfinder der Gothic Novel und Begründer des englischen Landschaftsgartens. Er benutzte es in einem Brief an einen Freund in Anlehnung an das persische Märchen »The Three Princes of Serendip«. In den wissenschaftlichen Sprachgebrauch hat es der amerikanische Soziologe Robert K. Merton übernommen, wenn in einer Forschungsarbeit unerwartet keiner Theorie und keiner Hypothese zuzuordnende Verhaltensweisen beobachtet werden.

Smart City

Ein Determinativkompositum, bei dem das erste sympathische Wort *smart* die Eigenschaft des zweiten, *City*, bestimmt. »Smart« ist inzwischen als Attribut mit vielen Begriffen verbunden, die in der postindustriellen Gesellschaft technologisch basierte, effiziente, nachhaltige und komfortable Lösungen beschreiben. Abgesehen von der beflissenen Anwendung im modischen Stadtmarketing werden unter S.C. Konzepte verstanden, die durch eine digitale Infrastruktur das Leben in einer urbanen ⭡ Umgebung verändern. Ein Indiz ist die Vernetzung der Akteure ⭡, die einen Wissenstransfer, also einen informellen Austausch zwischen Universität, Wirtschaft und Verwaltung, ermöglicht. Neben den Synergien zur Erhöhung der Produktivität sollen Governance ⭡ die Stadtpolitik der Zivilgesellschaft ⭡ verändern, fortschrittliche Technik und Eigeninitiative der Bewohner sich ergänzen. Kritisch gesehen wird die Datennutzung zur viral gesteuerten Konsumförderung auf Kosten der informellen Selbstbestimmung – während gleichzeitig nicht einmal Informationen zwischen Landes- und Bundeskriminalämtern automatisch weitergegeben werden. In einer aktuellen Untersuchung des Bundesinstituts für Bau-, Stadt- und Raumforschung (BBSR) heißt es abwartend: »Insgesamt bleibt festzuhalten, dass eine digitale Revolution derzeit nicht in Sicht ist, wohl aber eine schleichende digitale Vernetzung von Wirtschaft, Stadtregierungen, Forschungsinstituten und Zivilgesellschaft mit teils starken Nebenwirkungen und ungewisser Zukunftsprognose.«

Stadt; Stadtgesellschaft

Die Großstadt ist nicht nur Hintergrund oder Bühne für soziologische Prozesse, in denen individuelle Lebensentwürfe ausgehandelt, globale Entwicklungen lokal interpretiert und in den Alltag übertragen werden; sie ist gleichzeitig Generator und Katalysator dieser Phänomene. Seit einiger Zeit wird für die Betroffenen der deutungsoffene Begriff S. verwendet, also für die Menschen in einem gebauten Raum, in dem sie sich durch ihre Lebensstile und eine Vielzahl unterschiedlicher Milieus von der Landbevölkerung unterscheiden. Dieser Raum prägt das Handeln der Bewohner, während sie ihn gleichzeitig verändern. Mit S. soll eine pluralistische Wirklichkeit zum Ausdruck gebracht werden, die alle, nicht nur das Normativ der »braven Bürger« einschließt. Kritisch betrachtet gehört der Begriff zum wohlfeilen Wunschdenken der Politik, das einen Konsens der ungleichen Bevölkerung suggeriert.

Strukturwandel

Klingt dynamisch, irgendwie unaufhaltsam, vielleicht gar nicht steuerbar. Es ist etwas Unsichtbares, das die veränderte Beziehung von Elementen zu einem Gefüge grundsätzlich benennt. Ob das Ganze oder die Teile Vorrang besitzen, wird damit nicht beschrieben, es handelt sich nicht um Werturteile, sondern um Tatsachen. In der Soziologie betrachtet man den sozialen Wandel, man spricht aber auch von industriellem S. oder regionalem S., zum Beispiel nach dem Ende der Montanindustrie.

Subsistenzwirtschaft

Subsistenz bezeichnet das Durch-sich-selbst-Existieren. Im volkswirtschaftlichen Sinn könnte man damit salopp das Von-der-Hand-in-den-Mund-Leben definieren. Diese Form der Versorgung kennt weder das marktorientierte Streben nach Profit oder Wachstum, sondern ist mit der Eigenbedarfsdeckung zufrieden. Produzent und Konsument sind identisch (neudeutsch: »Prosument«), Tauschhandel ist allerdings möglich. Mit der fortschreitenden Industrialisierung und dem aufkommenden Kapitalismus führte die Kooperation auf dem engen Raum der Städte zu neuen Kooperationsformen, was mit der Einführung von Geld als Zahlungsmittel einherging. Praktiziert wird die S. noch immer von 40 Prozent der Weltbevölkerung.

Town and Gown

Der metonymische Gebrauch dieser beiden Ausdrücke, die die Gesellschaft der Stadt und die akademische Gemeinschaft an den Hochschulen bezeichnen, prägt sich im Englischen durch die reimende Sprachmelodie ein. Die Bezeichnung »gown« erinnert an die traditionelle, standesgemäße Bekleidung an den britischen Universitäten im frühen 18. Jahrhundert (»Unter den Talaren, Muff von 1000 Jahren«, eine Parole der 1968er-Studentenbewegung in Deutschland). Bezeichnet wird mit dem Begriffspaar die mitunter konfliktbeladene Beziehung zwischen der Kommune, ihren Einwohnern und der Hochschule, die aufgrund divergierender Voraussetzungen und Interessen nebeneinander existieren.

Triple-Helix-Konzept

Aus einer ökonomischen Perspektive zählen Innovationen bei neuen Verfahren oder Produkten zu den Kennzeichen einer erfolgreichen Volkswirtschaft. Eine zentrale Rolle spielt dabei die Wissensgenerierung. Das T. sieht dabei Politik, Wirtschaft und Wissenschaft nicht in einem statischen isolierten, jeweils zentral gesteuerten Verhältnis nebeneinander, sondern propagiert die wechselseitige Übernahme von Perspektiven und Methoden der anderen Partner, um anwendungsorientierte Bedingungen für kreative Initiativen herzustellen. Joseph Alois Schumpeter (1883-1950) hat den modernen Innovationsprozess als »schöpferische Zerstörung« beschrieben. Wer die Nutzen und Folgen trägt, bleibt dabei unberücksichtigt.

Urbanität; Urbanismus, urban, urbanisieren

Ein Sammelsurium von Begriffen, welche die positiven Qualitäten der städtischen Lebensweise umschreiben. In den 1960er-Jahren reduzierte sich der Planungsdiskurs, angestoßen durch einen Vortrag des Soziologen Edgar Salin auf die Faustformel »Urbanität durch Dichte«. Nach Florian Rötzer heißt U. »Aufgeschlossenheit als Stil, Weltoffenheit«. Im Gegensatz zum Landleben einer bäuerlichen Gesellschaft unterscheidet man eine öffentliche und eine private Sphäre, die sich auch in der Architektur abbilden. Die Utopie ⬆ der U. liegt darin, dass sie »für alle Individuen und Gruppen« (Andreas Feldtkeller) gelten soll. Man erkennt sie nicht an der Anzahl der Coffee-Shops in der Fußgängerzone, sondern an der Annehmlichkeit, sich im öffentlichen Raum für unterschiedliche Interaktionen aufzuhalten, »von der Last der Herkunft befreit« (Rötzer). Historisch als »durchgesetzte Demokratie und als reale Chance sozialer Integration« (Walter Siebel) betrachtet, hat sich U. inzwischen von der europäischen Stadt ⬆ abgelöst. Das Attribut urban wird inflationär verwendet, um die stimulierenden Facetten des Städtischen ohne weitere Erläuterung zu beschreiben.

Utopie

Sie bezeichnet den Nicht-Ort, also etwas Abwesendes, das im positiven Sinn konzeptionell oder visionär als wünschenswert erscheint, aber in einer überschaubaren Zeit nicht erreicht werden kann. Populär wurde die politische Utopia von Thomas Morus (1478-1535), der damit in Romanform eine idealtypische Gesellschaftsordnung skizziert hat. Heute wird der Begriff pejorativ als Gattungsbegriff für eine bestimmte Denkform gebraucht. Lediglich die Marxisten sehen in der U. eine Vorstufe der gesellschaftlichen Entwicklung, die nach der

Befreiung des Proletariats vom wissenschaftlichen Sozialismus, der eine bessere Zukunft bedeutet, abgelöst wird. Aber auch die Rechten setzten auf die U. Karl Steinbuch schrieb dazu: »Diese Unterweisung in Utopie scheint mir eine wichtige Voraussetzung zur Auflockerung der geistigen Situation in unserm Lande.« Das Rad der Geschichte werde »nicht von den Buchhaltern gedreht, sondern von den Utopisten«. Auffallend ist, dass gegenwärtig vor allem die komplementäre, pessimistisch geprägte Dystopie ↑ in den Medien auftaucht.

Wissen

Das Wort taucht in mehr oder weniger allen Beiträgen dieses LOGbuchs auf – denn wer möchte sich schon als Autor/in outen, der/die zum Wissen nichts weiß? Hinzu kommt, dass der Teufel hier nicht im Detail, sondern in Wortkombinationen steckt: wissensbasiert, Wissensökonomie, Wissensproduktion, Wissensaggregation, Wissensmilieus, Wissensträger, Wissensperlen, Wissensgesellschaft und so weiter. Aber gibt es strohdumme Gesellschaften? Ist eine Näherin keine Wissensträgerin? Was soll ein Urbanismus sein, der nicht wissensbasiert ist? In vielen Beiträgen wird W. außerdem im Sinne von »Wissenschaft« verwendet – letzterer eignet eine gewisse Arroganz, die sich seit einiger Zeit vor allem in den einträglichen Natur- und Technikwissenschaften breit macht und in Anglizismen gefällt. Und leider lässt gerade das Wissenschaftsenglisch schaudern. Wenn man nun die »Stadt der Erkenntnis« fordert, dann rückt der Begriff W. en passant in die zweite Reihe: Schließlich fragt Erkenntnistheorie erst mal nach den Bedingungen begründeten Wissens.

Wissensökonomie

Damit ist nicht gemeint, sein angesammeltes Wissen möglichst haushälterisch zu verwenden oder nur für eine Gegenleistung abzugeben. Man versteht darunter auch kein abrufbares Kreuzworträtselwissen (wie bei »Wer wird Millionär?«), sondern die kognitiven Fähigkeiten, die in einer Wissensgesellschaft als Ressource und Produktionsfaktor gelten (Strukturwandel ↑). In diesem Wettbewerb zählen nicht nur formelle Bildung und gute Zeugnisse, sondern kommunikative Fähigkeiten, Lebenserfahrung, organisatorisches Talent und Urteilsvermögen. Die Anwendung dieses (interdisziplinären) Wissens ist vor allem bei älteren Mitarbeitern ausgeprägt, entscheidend für eine Gesellschaft ist, wie es weitergegeben werden kann. Auf europäischer Ebene wurde die W. in der sog. Lissabon-Strategie zur Erhöhung der Wettbewerbsfähigkeit definiert.

Wissens-Spillover

Der Begriff kann im Zusammenhang mit dem Matthäus-Effekt ↑ betrachtet werden. Er bezeichnet die Mechanismen der Wissensweitergabe. Im Wirtschaftsleben wird angestrebt, mit einem (regional produzierten) Überschuss an Wissen Wettbewerbsvorteile zu erreichen. Gegenseitige Lerneffekte sind dafür ausschlaggebend.

Zivilgesellschaft

Darunter könnte man sich das glückliche Bürgertum nach der globalen Abschaffung des Militärwesens vorstellen. Es geht aber nicht um »Schwerter zu Pflugscharen«, sondern um eine unscharfe Bezeichnung für den tätigen, kooperierenden Teil der Gesellschaft, der nicht von Institutionen bestimmt wird. Dazu zählen unterschiedliche Initiativen, die sich politisch oder sozial – auch mit dem öffentlichen Raum – auseinandersetzen. Zur Praxis gehört zum Beispiel das Phänomen des *Sharings*, also die gemeinsame Benutzung von Fahrzeugen oder Geräten, ebenso das urbane Gärtnern auf städtischen Flächen. Demokratie ist eine Vorbedingung zum Entstehen der Z. In der *Smart City* ↑ ist ein besonders flexibler, innovativer und kreativer Teil der Z. aktiv. ◣

Autoren

Michael Braum 1953 in Bad Homburg geboren. Studium der Stadtplanung und des Städtebaus an der TU Berlin. Wissenschaftlicher Mitarbeiter im FB Städtebau und Siedlungswesen der TU Berlin, Mitarbeiter und Gesellschafter der Freien Planungsgruppe Berlin, Mitgründer von und Partner bei conradi, braum & bockhorst. Später eigenes Büro (mbup_stadtarchitekturlandschaft). Seit 1998 Professor an der Universität Hannover. Zahlreiche Veröffentlichungen. Von 2008-13 Aufbau und Vorstandsvorsitz der Bundesstiftung Baukultur. Direktor der IBA Heidelberg.

Undine Giseke 1956 in Minden /Westfalen geboren. Studium der Germanistik und Soziologie in Düsseldorf und Berlin; Garten- und Landschaftsgestaltung an der TU Berlin. 1984-87 freie Mitarbeit bei der IBA Berlin. 1987 Gründung des eigenen Büros mit C. W. Becker, W. Richard und B. Mohren. Seit 1998 Lehraufträge und seit 2003 Professorin und Leiterin des FB Landschaftsarchitektur + Freiraumplanung der TU Berlin. 2005-14 internationale Forschungsprojekte im Rahmen der Megacity-Forschung des BMBF. Seit 2014 Forschung zum *Rapid Planung* in hochdynamischen Metropolregionen. Mitglied im Kuratorium der IBA Heidelberg.

Karl-Heinz Imhäuser 1958 in Waldbröl geboren. Studium der Sonderpädagogik und Rehabilitation in Köln. Zwanzig Jahre als Lehrer an Förder-, Haupt- und Realschulen; Forschung und Lehre an Hochschulen und Landesinstituten. Ausbildung zum Feldenkrais-Lehrer und Trainer für »Selbstorganisiertes Lernen«. 2005 Promotion in Köln. Seit 2005 Vorstand der Montag Stiftung Jugend und Gesellschaft, Bonn. Mitglied im Expertenkreis für inklusive Bildung der Deutschen UNESCO-Kommission und in der Hauptkommission der Deutschen UNESCO. Zahlreiche Veröffentlichungen und Herausgeberschaften im Bereich Schulbau und Inklusion. Mitherausgeberschaft der Reihe »Inklusive Pädagogik«. Seit 2016 Mitglied des Kuratoriums der IBA Heidelberg.

Wilhelm Klauser 1961 in Lörrach geboren. Architekturstudium in Stuttgart und Paris, Promotion in Berlin. 1992-98 als Architekt in Japan. Gründung des Büros initialdesign in Berlin. 1998 - 2003 Berater für urbane Entwicklung in Paris, seit 2003 in Berlin. Lehraufträge in Tokio, Paris, am Bauhaus Dessau und in Hildesheim. Zahlreiche Veröffentlichungen, 2013 »Baukultur: Verkehr Orte-Prozesse-Strategien« für die Bundesstiftung Baukultur. Seit 2011 Entwicklung regionaler Versorgungsnetze und Versorgungsmodule für die Fläche.

Ulf Matthiesen 1943 in Hamburg geboren. Studium der Soziologie, Philosophie und Jurisprudenz in Freiburg, Frankfurt und Paris. Promotion und Habilitation in Frankfurt. Tätigkeiten in Forschung und Lehre in Dortmund, Frankfurt, Erlangen und Berlin. 1994-2008 Abteilungsleiter am Leibniz-Institut für Regionalentwicklung und Strukturplanung (IRS) in Erkner mit dem Schwerpunkt »Stadtstrukturelle und regionalkulturelle Milieuforschung«. Seit 2001 Forschungen zur Koevolution von Raum, Wissen und Interaktionen. Seit 2003 zugleich apl. Professor am Institut für Europäische Ethnologie der Humboldt-Universität zu Berlin. Mitglied des wissenschaftlichen Kuratoriums der IBA Heidelberg.

Julian Nida-Rümelin 1954 in München geboren. Studium der Philosophie, Physik, Mathematik und Politikwissenschaft; Promotion im Fach Philosophie. Wissenschaftlicher Assistent in München, 1989 Habilitation. Gastprofessur in den USA; Lehrstuhlleitungen in Tübingen und Göttingen. 1998-2002 Kulturreferent der Landeshauptstadt München und Kulturstaatsminister im ersten Kabinett Schröder. 2004-07 Direktor des Geschwister-Scholl-Instituts für Politikwissenschaft der Universität München. 2009 Wechsel auf einen Lehrstuhl für Philosophie. Seit 2011 Leiter des interdisziplinären Münchner Kompetenzzentrums für Ethik. Zahlreiche Veröffentlichungen, Auszeichnungen, Preise.

Christa Reicher 1960 in Neuenburg/Eifel geboren. Architekturstudium an der RWTH Aachen und der ETH Zürich. Bis 1987 in verschiedenen Planungsbüros tätig. 1993 Gründung des eigenen Büros RHA reicher haase architekten + stadtplaner in Aachen. 1996-98 Lehraufträge in Aachen, Frankfurt und Trier. 1998-2002 Professur für Städtebau und Entwerfen an der Hochschule Bochum, seit 2002 Leiterin des Fachgebiets Städtebau, Stadtgestaltung und Bauleitplanung der Technischen Universität Dortmund. 2016 Berufung in das Kuratorium der Nationalen Stadtentwicklungspolitik des Bundes. Mitglied im Baukollegium Zürich (2010-2014) und Berlin sowie in Gestaltungsbeiräten u.a. in Wien, Darmstadt und Dortmund.

Willem van Winden 1971 geboren. Studium der Wirtschaftswissenschaften, Schwerpunkt urbane Innovationen und Politik. 2003 Promotion an der Erasmus School of Economics, Rotterdam. Seit 2008 Professor für urbane Wirtschaftsinnovation an der Universität Amsterdam für angewandte Wissenschaften (AUAS). Zahlreiche Publikationen zur wissensbasierten Stadtentwicklung und verwandten Themen. Berater beim Programm URBACT der Europäischen Union.

Klaus Selle 1949 in Siegen geboren. Studium der Architektur mit Schwerpunkt Städtebau in Aachen. 1975-87 Wissenschaftlicher Mitarbeiter am Lehrstuhl Städtebau und Bauleitplanung (Peter Zlonicky) an der Fakultät Raumplanung der Universität Dortmund, dort auch Promotion und Habilitation. 1987-2001 Hochschullehrer am Institut für Freiraumentwicklung und Planungsbezogene Soziologie an der Universität Hannover. Seit 2001 Leiter des Lehrstuhls für Planungstheorie und Stadtentwicklung an der RWTH Aachen University. Schwerpunkte: Theorien, Konzepte und Praxis der Stadtentwicklung und lokaler Stadtentwicklungspolitik, kooperative Projektentwicklung, kommunikative Gestaltung von Prozessen.

Erik Swyngedouw 1956 in Belgien geboren. Studium der Agrarwissenschaften in Leuven. 1988-2006 Professur für Geografie in Oxford. Seit 2006 Professor für Geografie an der Universität in Manchester; Lehr- und Forschungstätigkeiten weltweit. Zahlreiche Publikationen in den Bereichen Politik, Ökonomie, Ökologie, Stadt- und Umweltplanung.

Carl Zillich 1972 in Darmstadt geboren. Studium der Architektur und Stadtplanung in Kassel und New York. Ab 2002 Lehre und Forschung zur Architekturgeschichte und -theorie an der Universität Hannover. 2008-13 wissenschaftlicher Mitarbeiter bei der Bundesstiftung Baukultur. Daneben freischaffender Architekt. Zahlreiche Vorträge, Moderationen, Publikationen. Seit 2015 im Gestaltungsbeirat der Stadt Oldenburg. Kuratorischer Leiter der IBA Heidelberg.

Impressum

Herausgeberin
IBA Heidelberg GmbH
Emil-Meier-Straße 16
69115 Heidelberg

Konzept
Prof. Michael Braum, Carl Zillich
mit Dr.-Ing. Ursula Baus, frei04 publizistik
und Dr.-Ing. Wolfgang Bachmann, Deidesheim

Übersetzungen aus dem Englischen
Nora von Mühlendahl-Krehl, Ludwigsburg

Gestaltung und Satz
Björn Maser, minimalist, grafik & interfacedesign

Lektorat
frei04 publizistik, Stuttgart

Korrektorat
Ute Seidel, Stuttgart

Lithografie, Druck und Bindung
DZA Druckerei zu Altenburg GmbH, Thüringen

Copyright © 2017 IBA Heidelberg
und Park Books AG, Zürich
© für die Texte bei den Autoren
© 2017, ProLitteris, Zürich für die Werke von
Klaus Horstmann-Czech
© für alle anderen Werke und Fotografien siehe
Bildnachweis

ISBN 978-3-03860-044-2
Alle Rechte vorbehalten; kein Teil dieses Werks darf in irgendeiner Form ohne vorherige schriftliche Genehmigung des Verlags reproduziert oder unter Verwendung elektronischer Systeme verarbeitet, vervielfältigt oder verbreitet werden.

Park Books AG
Niederdorfstrasse 54
8001 Zürich
Schweiz
www.park-books.com

Bildnachweis

S. 4, 22-23, 30, 34, 45, 48-49, 66, 74, 78-79, 82, 89, 94-95, 100, 102-103, 108, 112-113, 119: Oliver Mezger, Heidelberg
S. 10-11, 15, 21, 35, 41, 54-55, 60-61, 67, 73, 81, 83, 88, 101, 104-105, 125 (Illustrationen): Björn Maser, Böblingen
S. 56-59, 68-71, 84-87, 96: Christian Buck, Heidelberg
S. 12-13: Stadt Heidelberg | IBA Heidelberg GmbH
S. 19: Universität Heidelberg, Pressestelle
S. 27: Richard Fischer
S. 42: Campus Viva, Heidelberg
S. 46: SEHW Architektur GmbH, Berlin
S. 51: AECOM | Architecture-Engineering-Consulting-Operations, London
S. 62-65: Karl-Heinz Imhäuser, Bonn
S. 97: BMBF/Wissenschaftsjahr
S. 98: Universität Heidelberg
S. 99: Dirk Sijmons, Amersfoort (NL)
S. 106: Klaus R. Kunzmann, Potsdam

Die IBA Heidelberg dankt dem Amt für Stadtentwicklung und Statistik der Stadt Heidelberg für seine Unterstützung.